‘아무거나’
라는
메뉴는
없다

이 도서의 국립중앙도서관 출판시도서목록(CIP)은 서지정보유통지원시스템 홈페이지(http://seoji.nl.go.kr)와 국가자료공동목록시스템(http://www.nl.go.kr/kolisnet)에서 이용하실 수 있습니다.
(CIP제어번호: CIP2018030151)

'아무거나' 라는 메뉴는 없다

요헨 마이 지음
유영미 옮김

망설이다 아무거나 고르는
당신에게 필요한 결정의 기술

문학동네

CONTENTS

1장

도와줘요,
선택의 늪에
빠졌어요!

결정은 언제나 힘들다

잠깐, 더이상 읽지 말라. 오, 하지만 당신은 이미 결정을 내린 것 같다. 책을 계속 읽고 있으니 말이다(물론 나에게는 그쪽이 더 좋지만). 문제는 이거다. 당신은 왜 그런 결정을 내렸는가? 그 결정을 내리기까지 얼마나 오래 걸렸는가?

첫번째 질문에 답하기는 어렵지 않다. 책의 첫머리가 당신의 호기심을 불러일으켰거나 반항심을 자극했을지도 모른다. 하지 말라고 하면 더 하고 싶은 것이 인지상정이니 말이다! 아니면 지금 서점에서서 이 책을 들춰보며 살까 말까 고민중일지도 모른다. 결정해야 할 것이 하나 더 늘어난 셈이다! 정말 귀찮지 않은가?

사실 당신은 이미 결정을 내렸다. 다만 당신의 이성이 선택을 합리화하고 변호하려는 것일 뿐. 이 선택이 충동적이고, 자의적이고, 감정적이지 않고, 꽤나 지적이고, 신중하고, 합리적인 양하고 싶은 것이다.

무안해하지 않아도 된다. 늘 벌어지는 일이니까. 결정은 그렇게 내려진다. 일단 잠재의식상에서 결정을 한 다음, 발오마트Wahl-O-Mat● 를 돌려, 그 선택이 논리적이고 영리한 것으로 보이게끔 한다. 나 자신을 위해서뿐 아니라, 친구, 배우자, 동료, 상사 등을 위해서다.

때로 힘들게 엮어낸 논지가 더 정밀한 검증 단계를 통과하지 못할

● 유권자의 의사결정을 돕기 위해 만들어진 독일의 온라인 플랫폼으로, 주요 정책 이슈에 대한 질문을 던져 유권자의 선호도를 체크한 후 그에 맞는 정당을 추천해주는 서비스.

것 같으면 결정을 바꾸기도 한다. 그러면 우리는 B라고 말해놓고는 A를 선택한다. 마음이 이끄는 대로. 이에 대해서는 나중에 자세히 살펴보자. 상점에 들어가서 원래 사려던 제품이 아니라 전혀 다른 것을 들고 나오는 경우도 있다. 카운터에서 계산하는 동안, 우리의 잠재의식과 이성은 계속해서 이 제품을 구입해야 하는 더 나은 이유를 생각해내려 애쓴다.

삶은 수많은 결정의 연속이다. 연구에 따르면 우리는 하루에 최대 2만 건의 결정을 내린다고 한다. 믿거나 말거나지만, 분명한 것은 우리가 하루종일 엄청나게 많은 결정을 내린다는 사실이다. 그러니 이 모든 결정을 의식적이면서 이성적으로 내린다는 건 정말이지 불가능한 일이다. 주어진 시간 안에서는 말이다. 대부분의 결정은 눈 깜짝할 새에 불가피하게 이루어진다.

기상할 때부터 선택의 연속이다. 정확히는 그전부터다. 이른 아침 알람이 울리면, 자연스럽게 정지 버튼을 누른다. 5분만 더 자겠다는 명백한 결정! 좋다! 5분 더 자면 그만큼 더 좋은 컨디션으로 하루를 시작할 테니까. 하지만 이는 아침 식사를 더 서둘러야 한다는 의미다. 커피조차 여유 있게 못 마시고, 벌컥벌컥 들이켜고 출근하겠다는 결정이다.

하루종일 이런 선택이 반복된다. 수많은 결정 중 대부분은 무의식적으로 진행되는데, 그중 대다수가 그다지 중요하지 않은 결정이라 참으로 다행이다. 그렇지 않다면 우리는 정말 돌아버렸을 거다. 안 그래도 돌아버릴 것 같은 순간들이 종종 있는데 말이다.

일할 때도 우리는 늘 결정을 내려야 한다. 학술 자료에 따르면 업무와 관련된 결정 중 60퍼센트는 시간에 쫓기는 상황에서 이뤄진다. 동료, 상사, 고객은 기다려주지 않는다(본래 기다리는 족속들이 아니다). 눈을 부릅뜨고 답변을 기다린다. 어제 결정했어야만 했는데! 사정이 이렇다보니 잘못된 결정을 내리게 되고, 좋지 않은 결과로 이어질 확률은 엄청나게 커진다. 하지만 그리 쉽게 단정할 수 없다는 것도 이 책을 읽으며 알게 될 것이다.

우리 모두가 매일 매 순간 결정을 내린다. 단순해 보여도 심리적으로 굉장히 복잡한 상황이다. 자칭 창조의 꽃인 인간은 스스로를 속이고 자의적인 현실을 만드는 데 가히 천재적이기 때문이다. 어떤 결정을 내린 다음 불만족스럽거나 그 결정을 후회하는 상황에 특히 그 재능이 드러난다. 삐삐 롱스타킹도 노래하지 않았는가? "나는 세상을 만든다네, 두비두비두밥 내 마음에 드는 세상!" 자기합리화는 삐삐 롱스타킹이 자아상을 확립하는 데는 도움이 되지만, 현실에서는 보통 '실망, 미화, 자기합리화'로 이어진다.

스웨덴 룬드 대학의 라르스 할과 페터 요한손은 우리가 어떻게 자기합리화를 하는지 인상적으로 보여주는 실험을 했다. 참가자들에게 사진 두 장을 보여주고 더 매력적이라 느끼는 사람을 고르게 한 다음, 나중에 그 사진을 보여주며 이유를 설명하게 했다. 그중 몇 번은 사진을 바꿔치기해서 참가자가 선택하지 않은 사람의 사진을 보여주었다. 이때 참가자들은 그가 처음에 선택한 사람이 아니라는 사실을 알아챌 수 있을까?

"저기, 너무 멍청한 질문 아닌가요? 당연히 알아보겠죠!"라고 당신은 대답할 것이다. 좋다, 당신이 고른 '미스터 혹은 미스 퍼펙트'와 새로운 인물이 닮지 않았다면 더 쉽게 알아챌 것이다. 하지만 라르스 할과 페터 요한손의 실험에서 참가자들은 그 사실을 알아채지 못했다. 더 황당한 것은 사진 속 인물이 자신의 선택과 다르다는 걸 알아챈 경우에도 새로운 이유를 그럴듯하게 합리화했다.

어떤 참가자는 원래 귀걸이를 한 여자를 좋아한다고(사실 원래 선택했던 여성은 귀걸이를 하지 않았는데도) 굳게 확신했고, 또다른 참가자는 미소 짓는 모습에 결정적으로 끌렸다고 주장했다.

할과 요한손은 이런 현상을 선택맹choice blindness이라 명명했다. 간단히 말해 선택맹이란, 인간이 스스로의 선택을 인지하지 못하고 선택의 오류를 깨닫는 경우에도 그 오류를 시인하지 않으며 자기 자신과 타인에게 이를 합리화하는 상황을 말한다.

자, 이제 당신이 왜 그리 오랫동안 같은 일을 반복하는지 자문해보자. 돈은 벌지만 별로 행복하다 여기지 않는 일을 말이다.

우리 인간들은 모든 것을 분석하고 싶어하면서도 모순 없는 세계에서 살고 싶어한다. 모순을 불쾌해하고 참기 힘들어한다. 이런 감정을 학술 용어로 인지 부조화cognitive dissonance라 한다. 서로 일치되지 않는 지각, 사고, 견해, 입장, 바람, 의도를 만나면 부정적인 감정이 밀려든다. 어떤 결정을 내린 뒤 다른 결정이 더 나았다 싶을 때도 우리는 이런 '인지 부조화'에 이른다.

인간은 인지 부조화를 제거하고 다시금 조화로운 세계를 만들기 위해 다양한 방법을 동원하는데, 그중 가장 애용되는 방법이 자신의 결정을 합리화하기 위한 재빠른 입장 바꾸기다.

콘라트 아데나워도 "어제 한 말이 내게 무슨 상관이란 말인가"라고 하지 않았던가. 오늘 A라고 말한 사람이 내일 B라고 주장할 수 있다. 간단하다. 물론 대부분 속으로 약간 찔리겠지만, 무슨 상관인가. 입장을 바꾸면 세상이 더 편안한 것을! 그리고 어떤 결정이 완벽할 수 있을까!

이런 전략은 약간 위험하긴 하다. 정치인이나 회사원에게는 특히 그렇다. 입장을 백팔십도 바꾸면 상당히 신뢰를 잃을 수 있기 때문이다. 그래서 이런 속이 빤히 들여다보이는 입장 바꾸기보다 상황을 탓하는 방법을 애용한다.

가령 우리는 흡연자들에게서 이런 행동패턴을 종종 관찰한다. 흡연이 건강에 해롭지 않느냐는 질문에 흡연자들은 이렇게 맞받아친다. 사는 건 어차피 위험하다고, 내일 당장 교통사고로 죽을 수도 있는 거 아니냐고. 그리고 암에 걸릴 확률은 생각보다 그리 높지 않다고. 평생 담배를 피우면서 장수하는 사람도 많지 않느냐고. 그리고 덧붙인다. 몇십 년간을 줄담배를 피워댄 독일 정치인 헬무트 슈미트도 폐암에 걸리지 않았다고! 우리는 실제 인지 부조화를 줄이고, 자신의 결정을 합리화하기 위해 핑계와 변명을 아끼지 않는다.

자가 테스트

우리는 인지 부조화 상황에 어떤 반응을 보일까?

이런 인지 부조화의 상황을 한번 경험해보자. 철학자이자 수학자이자 논리학자인 버트런드 러셀은 인지 부조화에 대한 좋은 예를 들었다. 바로 이발사의 역설이다.

> 이발사를 '스스로 면도하지 않는 모든 이를 면도해주는 사람'이라고 정의해보자.

자, 이에 대해 잠시 생각해보자. 그리고 다음과 같이 자문해보자. 그러면 이발사는 스스로 면도를 할까?
이 질문에 답하려고 하면 모순에 빠진다. 이발사가 스스로 면도하면 그는 더이상 이발사가 아니다. 스스로 면도하지 않는 사람만 면도해준다는 문장 때문이다. 하지만 그가 스스로 면도하지 않는다면, 그는 손님이 될 수밖에 없다.
어떤 문제가 있는지 알겠는가? 문제를 받아들이기가 불편해서 간과해버린 부분이 있지 않은지 속으로 열심히 찾고 있는가?
하나의 예를 더 들어보자. 신의 전능성에 대한 역설이다.

> 신이 전능하다면, 그는 자신이 들 수 없을 정도로 무거운 돌을 창조할 수 있다.

이 문장도 머릿속을 뒤죽박죽으로 만든다. 말뜻은 이해가지만, 여전히 모순에 부딪힌다. 이럴 때 우리는 인지적 부조화를 경험하게 된다.
하지만 단지 뭔가를 상상할 수 없거나 논리적 구조에 포함시킬 수 없다고 존재하지 않는다고 믿는 것은 어리석다. 종종 우리는 이런 모순을 안고 살아야 한다. 하지만 걱정하지 말자. 당신만이 아니라 대부분 마찬가지니까. 아주 정상적인 일이다. 오히려 이런 모순들을 도외시한 채 무조건 빠르고 단순한 해결책을 원하는 게 위험하다. 곧장 해결하려 드는 것! 하지만 그러다보면 정말 잘못된 결정에 이를 수 있다.
그러니 거슬리는 감정이 있으면 이를 의식하고 견뎌라. 그리고 있는 그대로 받아들여라. 거슬리는 감정은 다시 사그라질 것이다.

인지 부조화는 우리로 하여금 종종 이것 아니면 저것을 꼭 선택하도록 몰아붙인다. 자유냐, 안정이냐? 질서냐, 무질서냐? 가까운 것이냐 먼 것이냐? 신뢰냐 통제냐? 이 배후에는 결국 디지털식 사고(0 또는 1)가 숨어 있어, 우리로 하여금 두 가지 옵션이 종종 나란히 존재할 수도 있다는 걸 간과하게 만든다. 겉보기에 대립되는 듯하지만 사실 상호 배타적이지 않고, 놀랍게도 공생을 통해 보완 가능한 것들이 많다. 하나를 선택한다고 하나를 버릴 필요는 없다. 이것 아니면 저것이라는 꽉 막힌 코르셋에서 벗어나면 이것뿐 아니라 저것도라는 넉넉함이 생긴다.

그 전형적인 경우가 타협이다. 꼭 50 대 50 중용의 타협점을 찾을 필요는 없다. 80 대 20으로 치우친 결과도 두 선택지로부터 최선의 답을 이끌어내고, 각 요구를 최대한 만족시킬 수 있다. 물론 늘 말이 더 쉽다는 건 인정한다. 하지만 불가능하지는 않다.

지금까지 알게 된 사실만으로도 이미 더 나은 결정을 위한 세 가지 가이드라인을 도출해낼 수 있다.

• '옳은' 길을 찾는 걸 중단하라

'옳다, 맞다'라는 개념은 이미 하나의 보편타당한 해결책 내지 선택지가 있음을 암시한다. 하지만 일상에서 이루어지는 대부분의 결정에는 딱 들어맞는 한 가지 선택지만 존재하는 게 아니다. 그래서 "옳다(맞다)"는 것은 오히려 맥락상 "내가 보기엔 옳은(맞는)" 또는 "이 순간에는 옳은(맞는)" 결정이라고 보아야 한다. 이를 염두에 두면 과도한 기대를 떨치기가 더 쉽다.

• 흑백사고와 결별하라

이것/저것, 예/아니오, 옳음/그름 등의 카테고리는 우리에게 이원적인 사고 구조와 결정을 강요한다. 서로 다른 선택지를 합치 불가능한 대립의 존재가 아니라 전체를 이루는 부분으로 파악할 수도 있다. 그러면 하나를 위해 다른 하나를 포기할 필요 없이 자유롭게 이 두 개의 점을 서로 연결하는 길을 모색할 수 있다.

• 선택하지 않는 것도 하나의 선택이다

지금 중요하고 옳은 것이 내일도 그러리라는 보장은 없다. 상황과 형편이 달라질 수도 있다. 장기적인 안목으로 내린 결정이 더 나은 결정인 경우가 많다. 지금 당장 확정하지 않는 것도 선택지 중 하나일 수 있다. 이것 아니면 저것이라는 이원적인 사고가 간과하는 점이 바로 이것이다. 제3의 선택지가 있을 수도 있으며, 결정을 내리지 않는 것도 하나의 선택지라는 사실 말이다. 최소한 지금 당장은 결정 내리지 않기, 그 역시 일종의 결정이다. 그런 결정은 의식적일수록 좋다.

결정을 내리는 두 개의 두뇌 시스템

일단 우리가 선택을 할 때 머릿속에서 무슨 일이 일어나는지 한번 살펴보자.

기차를 타고 어딘가로 가는 중이라고 하자. 생각에 잠겨 창밖을 멍하니 바라보는데 갑자기 주변이 웅성거린다. 다른 손님들이 주머니를 뒤진다. "차표 보여주십시오!" 제복 입은 남자가 소리친다. 그러자 꺼림칙하고 불쾌해진다. 왜 이 순간에 그런 느낌이 드는 것일까?

머릿속에서 경보음이 울려댄다. 들켜서 벌금을 물거나, 기차에서 내쫓길 것 같은 막연한 두려움이 스멀스멀 일어난다. 체감상으로는 반나절은 지난 것 같은데 실제 연구 결과를 보면 이런 상태에 도달하기까지 0.2초밖에 걸리지 않는다.

이 상황을 한번 객관적으로 바라보자. 이는 결코 이성적인 반응이 아니다. 당신은 기차표를 지갑이나 재킷 주머니에 고이 넣어두었을 것이다. 당신은 무임승차자가 아니다. 그럼에도 대부분의 사람들은 "차표 검사"라는 말에 일단 다소 긴장한다. 우리 뇌는 이를 잠재적인 위험 상황으로 인식하고 스스로에게 경고한다. 이는 과거의 경험 때문이다. 무임승차했다가 발각되어 벌금을 물어야 했던 적이 있거나, 다른 승객이 그런 일을 당하는 모습을 본 적이 있는지도 모른다. 이제 다시 그런 일을 겪고 싶지 않은 것이다.

이런 반응패턴은 다른 시대로 거슬러올라간다. 당신이 태어나기 전, 아니 훨씬 더 오래전으로. 태곳적으로 돌아가보아야 한다.

검표원은 선사시대의 검치호劍齒虎와 비슷하다. 검치호가 사는 구역을 지나갈 때면 "차표 보여주십시오"라는 말 대신 "어어어흐으으응" 하는 소리가 울렸고, 고작 60유로의 벌금 정도로 끝나지 않고 생명을 송두리째 바쳐야 했다. 그런 살인기계와 마주치는 경우 재빨리 결정해야 했다. 얼어붙은 듯이 숨죽이고 있을 것인가, 싸울 것인가, 도망칠 것인가?

그런 상황에서 살길을 모색할 때 우리 두뇌에서는 다량의 아드레날린이 분비되어 순식간에 혈액에 이르고 온몸에 퍼진다. 그러면 심박동이 빨라지고 혈압이 상승하며, 근육에 산소 공급이 최대치로 이루어지는 동시에, 체내에 저장된 당분과 지방이 총동원된다. 신체와 정신은 깨어나고 반응시간은 굉장히 빨라져서, 우리는—정확히 판단을 내리기도 전에—달아나거나 싸울 수 있다. 이런 무의식적인 결정 메커니즘은 오늘날까지도 남아 많은 사람들이 순발력 있게 반응하도록 돕는다.

이런 메커니즘을 조절하는 건 우리의 뇌 속 감정중추인 대뇌변연계다. 뇌과학자들은 이 대뇌변연계가 지금으로부터 약 1억 5000만 년 전에 만들어진 오래된 뇌 영역이라고 추정한다. 진화론적으로 보자면 이러한 뇌 영역은 포유동물이 발생한 시기에 등장했다(이에 포유류뇌라 부르기도 한다). 연구에 따르면 대뇌변연계는 감정, 행동, 학습 등에 관여하는 기능적인 중추다.

대뇌변연계는 감정의 근원지이며, 감각 지각의 문지기다. 감정중추는 변연계를 거친 모든 자극을 순식간에 판단한다. 살쾡이를 만났건, 자는데 모기가 윙윙거리건, "차표 보여주십시오!"라는 소리가 들리건 마찬가지다. 대뇌변연계는 이런 감각 지각들을 분류하여 그 결과를 즉각 신체에 전달한다. 그러면 상황에 따라 앞서 기술한 연쇄 반응이 일어난다.

불안, 분노, 슬픔, 기쁨, 싫음, 놀라움—미국 심리학자 폴 에크먼은 이들 여섯 가지 기본 감정을 감각적 인상에 반응하는 주된 충동(작용)들이라 하였다. 에크먼은 연구를 통해 무엇보다 이런 감정들이 인종과 민족을 막론하고 생기는 공통 현상임을 입증하였다.

그러나 대뇌변연계에는 커다란 단점이 있다. 독단적으로는 결코

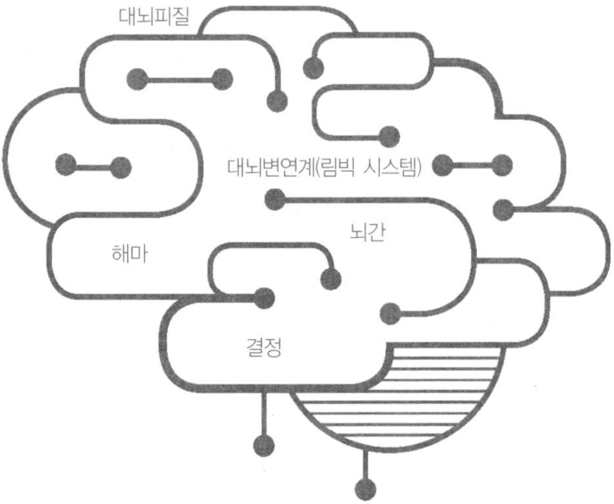

차별화된 결정을 할 수가 없다. 결정을 내리는 건 다른 두뇌 영역 소관이다. 라틴어로 코르텍스cortex라고 하는 대뇌피질이 바로 그것이다.

대뇌피질은 우리 두뇌에서 가장 표면에 자리한 부분으로 펼치면 약 $2200cm^2$ 넓이다. 대뇌피질에는 150억 개의 신경세포가 있으며 고도로 복합적이라 분석에 탁월하다. 두뇌의 바로 이 부분에서 검토와 비교, 검증이 일어난다. 그렇기에 대뇌피질에서 대뇌변연계와 달리 이성적 판단이 따른다. 대뇌피질의 영역에서 이루어지는 결정에서는 손익계산이 따른다. 최소 비용으로 최대 효용을 이끌어내고자 할 때처럼 말이다.

가령 새로운 자동차를 구매하는 경우를 보자. 저렴하면서도 성능은 꽤 괜찮은 자동차를 사고 싶다. 자, 이제 어떻게 하겠는가?

대부분은 인터넷을 뒤져 자료조사를 할 것이다. 사용 후기를 읽어 보고, 다양한 모델을 서로 비교하고, 가족이나 친구와 상의할 것이다. 스트레스 상황에서 결정을 내리는 경우와는 완전히 다른 방식이다. 훨씬 더 신중하다.

이제 이런 질문이 나올 것이다. 그러면 왜 모든 결정을 이렇게 내릴 수 없는 걸까? 우리 머릿속에 영리한 대뇌피질이 있는데 말이다. 휴, 이것이 바로 내가 첫머리에 기술한 문제다. 두 시스템—대뇌변연계와 대뇌피질—이 서로 탁월하게 뒷받침하고 보완할 수 있을 텐데…… 하지만 두 시스템은 종종 서로 충돌한다.

매머드와 검치호, 돌도끼의 시대에는 대뇌변연계의 지배가 필요했다. 도망갈 것이냐 싸울 것이냐를 두고 비교 목록을 작성했다면 인류는 먹이사슬 최상위에 오르지 못하고 원시시대 온갖 맹수들의 먹잇감이 되었을 것이다. 결정을 내리는 데 다소 시간이 소요되는 대뇌피질은 이렇듯 생존을 다투는 긴급 상황의 의사결정에는 적합하지 않다.

그러나 오늘날 인간들의 삶은 훨씬 더 복잡해졌고, 문명화되었다(물론 모든 인간의 삶이 그렇지는 않지만). 다시 말해 우리는 근거 있는 결정을 내리기 위해 더 많은 시간을 확보하게 되었다. 이론적으로는 그렇다. 그러나 진화적 외피를 벗어던지지는 못했다. 그래서 두 영역—대외변연계와 대뇌피질—이 계속해서 모든 결정에 간섭한다. 그러다보니 가끔은 조화를 이룰 때도 있지만, 곧잘 머릿속이 엉망진창

꼬인다.

어느 코미디언이 이런 말을 한 적이 있다. 인간이 동굴인에서 우주정복자가 되는 데 몇만 년이 걸렸는데, 술 두 잔만 마시면 쪼르르 다시 동굴인 수준으로 되돌아간다고 말이다.

어쨌든 당신은 이제 최소한 인간이 얼마나 모순적인 존재인지, 우리의 사고기관이 얼마나 서로 상반된 방식으로 일하는지를 알았을 것이다. 그리 위로는 안 되겠지만, 나쁘지 않은 시작이다.

눈먼 결정이란 무엇인가?

"눈 질끈 감고 견뎌(계속해)." 몇몇 사람들은 이를 삶의 모토로 삼고, 어떤 사람들은 달갑지 않지만 피할 수 없는 상황에 이렇게 대처한다. 하지만 결정을 내릴 때 이렇게 눈을 질끈 감는 건 위험하다.

이를 위해서는 우선 '눈먼 결정'이 무엇인지를 이해해야 한다.

우리는 늘 누군가 '눈먼 선택'을 했다는 소리를 듣곤 한다. 하지만 눈먼 선택이란 무엇일까?

결과를 모르는 상태에서 내리는 결정을 뜻한다. 갈림길에 서서 각각의 길이 어디로 이어지는지 모른 채 왼쪽으로 갈지, 오른쪽으로 갈지, 아니면 똑바로 갈지를 결정해야 한다고 가정하자. 당신은 아마도 사전 정보를 충분히 구하지 않았는지도 모른다. 더 구체적으로는 시내 지도를 살펴보지 않았거나, 필요한 지식을 얻을 통로가 없었을지도 모른다. 물론 이제 와서 원인이 뭐였는지 따져봤자 소용없다. 어쨌든 문제가 생겼고, 이제 당신은 미지의 길로 걸음을 옮겨야 한다.
이렇듯 결과를 알지 못한다는 것이 눈먼 결정의 특성이다. 우선 결정을 내리기가 힘들고, 종종 위험하기도 하다. 어떤 결과를 초래할지 알 수 없는데 어떻게 한쪽을 선택할 수 있겠는가?
따라서 일부러 위험을 찾아다니는 람보가 아닌 다음에야 눈먼 결정은 피하려고들 한다. 하지만 이를 완전히 피하는 길은 없다. 그리고 뜻밖에도 꽤 자주 이런 일이 생긴다. 어떻게 될지 미리 알지 못하니 얼마나 큰 모험인가? 따라서 이런 경우 상황이 좋지 않더라도 최선을 다해야 한다. 긍정적인 소식은, 그게 가능하다는 것이다!

대안 1. 시간을 끌라

눈먼 결정을 일반적인 선택으로 바꾸려면 좀더 시간을 확보하는 것으로 충분하다. 시간을 끌어 결과에 대해 가능한 한 더 많은 지식과 정보를 얻을 기회를 만들어두면 위험을 줄일 수 있다.

대안 2. 공통점을 발견하라

눈먼 결정이 어떤 결과를 가져올지는 알 수 없지만, 이런 상황이 과거의 다른 결정 상황과 공통점이 있을지도 모른다. 상황이 비슷하다고 하여 결과도 비슷하리라는 보장은 없지만, 그래도 예전 상황과 비교해보면 마구잡이로 선택하는 것보다는 한결 쉽게 결정할 수 있다.

2장

결정장애의
끝없는
악순환

쉬운 결정이란 없다

즉흥적으로 하든 신중하게 하든 완전히 비논리적으로 하든, 결정을 한다는 건 정말 껄끄러운 일이다. 손톱으로 칠판을 긁는 느낌이라고나 할까. 그래서 많은 사람들은 결정하기를 썩 내켜 하지 않는다. 크고 작은 결정들을 미루고 또 미룬다. 밥을 먹을까, 국수를 먹을까? 아이스크림을 먹을까, 초콜릿을 먹을까? 슈퍼마켓에서 본 매력적인 사람에게 말을 걸어볼까, 아니면 홀로 집에 가서 저녁을 먹을까? 그렇다면 국수를 먹을까, 밥을 먹을까……

이렇게 별것 아닌 문제들로도 골머리를 앓는데, 하물며 인생의 중차대한 결정을 내릴 때는 어떻겠는가? 이런 상황을 학술 용어로 의사결정 피로감decision fatigue이라 한다.

이런 현상이 발생하는 이유는 늘 비슷하다. 불안하기 때문이다. 우리는 어떤 대안이 더 좋을지, 무엇이 우리의 필요에 더 잘 맞을지 알지 못한다. 스스로 무엇을 원하는지 모르는 것이다.

그래서 적잖은 사람들이 우연이나 운명, 혹은 다른 보이지 않는 힘에 이끌려 결정을 내리고 일이 저절로 조율되었으면 하고 바란다. 종종 그리될 때도 있다. 하지만 대부분은 아니다.

중요한 결정일수록 더 불안해진다. 그렇기에 끼니로 국수를 먹을지, 밥을 먹을지에 대한 고민을 할 때는 결국 아무래도 좋다는 결론에 비교적 빠르게 이르는 반면, 파트너 선택이나 커리어에 대한 결정은 그와는 비교도 안 되게 신중히 고민한다.

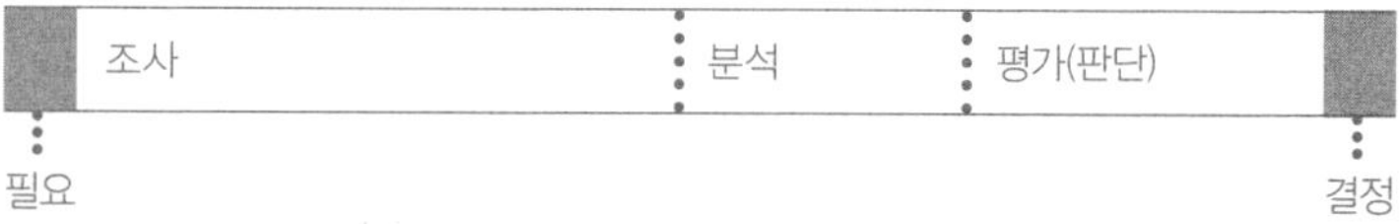

이런 굵직한 문제를 두고는 말할 수 없이 불안해져 결정을 일단 미루고 싶은 유혹이 커진다. 시간을 벌어 더 많은 정보를 얻으면 확신이 생길 거라고 믿는다.

조사하고, 검토하고, 숙고하는 절차는 결정에 도움이 된다. 하지만 반대일 수도 있다. 이것이 바로 결정장애decision paralysis의 상황이다. 정보는 수집했지만 머릿속이 더 복잡해지고, 어느 것이 최선인지 도무지 감이 오지 않는 숙명적인 선택의 상황! 그 결과 끝없는 악순환이 시작된다. 더 알아보고 시시콜콜 비교해봐도 실제 결정에는 전혀 도움이 되지 않는다. 드디어 반짝하는 통찰의 순간이 찾아오더라도 그것이 사고 과정의 오류에서 비롯한 일일 수도 있다.

인간은 언제든 결정을 내릴 수 있다. 결정할 수 없다고 말하는 건 대개 시간을 벌려는 (무의식적인) 행동이다. 당장 확실한 결정을 내리지 않으려는 속셈이다. 하지만 이런 속셈은 별로 효과적이지 않은 경우가 많다! 다음 두 가지 이유 때문에라도 말이다.

1. 미룬다고 상황이 좋아지는 경우는 별로 없다. 외려 반대다. 상황은 점점 더 나빠지고, 결정은 점점 더 힘들어진다. 결정을 하지 않는 것 자체가 실책일 때도 많다.
2. 문은 저절로 닫힌다. 삶에서 열리는 기회의 문은 제한적이다.

> 결정의 질에 이렇다 할 영향을 미치지 못하는 자질구레한 정보를 계속 모으느라 제한된 시간을 활용하지 못하면 나중에 대개 후회하게 된다.

확실한 결정을 내리지 않는 한, 우리는 결과에 책임질 필요가 없다. 이도 저도 아닌 미적지근한 상태를 고수하는 건 정치권뿐 아니라 대다수의 기업들도 마찬가지다. 여기에 깔린 생각은 이렇다. 어떤 일에 구체적인 의견을 표명하기 전에, 다른 사람들은 어떤 반응을 보이는지 일단 추이를 살피면 더 나은 인상을 줄 수 있다. 다른 사람들의 첫번째 실수가 드러날 때까지 행동하지 않고 기다렸다가 "정말 멍청하군! 나 같으면 안 그랬을 텐데"라고 말하기는 쉽다.

점점 더 많은 사람들이 이렇게 행동할수록, 집단적 결정 불능 상태가 일어난다. 그렇게 되면 재계나 정계에서 (특히 선거 직전에는) 추진력이 완전히 사라질 수도 있다. 모든 담당자가 누군가 먼저 한 걸음 떼기를 기다릴 테니 말이다.

정치 분야에서 이런 전략은 종종 꽤 성공을 거둔다. 그러나 산업 분야에서 그렇게 늑장을 부리다가는 경쟁자들에게 모조리 추월당하고, 꽤나 뒤처지게 된다. 신속하게 반응하지 못한 탓이다. 모든 만일의 경우를 절대적으로 보장해주는 방대한 정보가 없더라도, 결단력 있게 일을 추진한 사람이 업계를 선도해나가게 된다.

삶의 영역에서도 마찬가지인데, 차차 살펴보기로 하자.

동전을 던져라!

간단한 트릭으로 결정을 손쉽게 내릴 수 있다.

어려운 선택을 앞두고 있는가? 그렇다면 동전을 던져라.

'설마…… 이런 진부한 조언을? 나는 좀더 현명한 결정을 내리고 싶고, 동전 던지기 같은 멍청한 일로 결정을 내리고 싶지 않다! 더구나 인생에 폭넓은 영향을 미치는 중요한 결정이라면 말이다!'

맞는 말이다. 정말 진부한 조언이다. 그러나 동전의 신탁을 따르자는 이야기는 아니다. 사실 당신은 이미 오래전에 결정을 내렸다. 다만 이를 의식하지 못할 뿐. 바로 그래서 동전 던지기 트릭이 중요하다.

동전을 던질 때 그림 부분을 위쪽으로 향한 채 던질지, 숫자 부분을 위쪽으로 향한 채 던질지는 중요하지 않다. 던져서 어느 쪽이 나왔는지 볼 필요조차 없다. 동전이 공중에 떠 있는 동안 어느 쪽이 나오기를 바라는지 마음속 소리에 귀기울여라. 아직 공개적으로 시인할 수 없어서 그렇지 바로 그쪽이 당신의 선택이다.

동전을 던져서 선택하겠다고 말해놓고는 마음에 드는 결과가 나올 때까지 계속 동전을 던지는 상황은 익숙할 것이다. 어린 시절 아카시아잎을 뜯으면서도 그러지 않았는가. '그는 나를 사랑한다, 사랑하지 않는다, 사랑한다, 사랑하지 않는다…… 제길, 다시 해봐야지.' 새로운 아카시아잎을 들고는 '그는 나를 사랑한다…… 오, 그는 나를 사랑해!'

동전 던지기는 결정을 둘러싼 뿌연 안개를 걷어내고, 확실한 결정을 내리게 만든다. 결코 50 대 50 확률에 내맡기는 트릭이 아니다. 마음속 결정이 뭔지 아직도 모르겠다고? 짙은 안갯속에 갇혔다면 동전을 힘껏 높이 던져라. 그러면 내면을 들여다볼 시간을 더 많이 벌 것이다.

남자 아니면 여자, 누가 더 수월하게 결정할까?

누가 더 신속하고 수월하게 결정을 내리느냐에 대한 질문은 성별을 막론한다. 누가 더 신속하고 수월하게 결정을 내릴까? 남자일까 아니면 여자일까?

그 대답은 어느 쪽에게 묻느냐에 따라 달라진다.

남성 독자 대상의 잡지 『GQ』에 따르면 80퍼센트의 응답자가 남성이 더 결단력 있다고 보았다. 여성지에서 이뤄진 설문조사에서는 반대였다. 누구도 완전히 중립적일 수는 없으니까 말이다. 이런 논의는 대부분 젠더 편견에 기초한다. 두 가지 증거를 살펴보자.

• 증거 A: 옷장

"어휴, 정말 입을 게 하나도 없어." 방에서 이런 소리가 들리면 남성들은 검치호를 보았을 때처럼 삼십육계 줄행랑을 치고 싶어진다. 어쩌면 여자들에게 결정장애가 있는 게 아닐까 싶어지는 대표적인 상황. 어떤 남성들은 이에 공감하기 어려워한다. 옷이 옷장 가득, 217.4퍼센트 채워진 듯한데 입을 게 없다니! 눈앞에 보이는 게 옷이 아니면 뭐란 말인가.

여성들이 정말로 결정장애가 있는 게 아닐까 하는 이런 의심에 팽팽히 맞서는 논지가 있으니……

• 증거 B: 자동차

남성들의 두번째 장난감. 어떤 남성들에게 자동차는 지위의 상징이자, 어린 시절 갖고 놀던 장난감들의 연장선상에 놓인 사물이다. 하지만 유감스럽게도 이는 수많은 결정장애의 요람이기도 하다. 여성들은 자동차를 합리적인 가격에 사람을 편안하고 안전하게 A라는 장소에서 B라는 장소로 데려다주는 도구라 여긴다. 자동차를 고를 때도 이런 기준에 입각하여 신속하게 실용적인 선택을 내린다. 하지만 어떤 남자들은 계속해 고개를 갸웃거린다. 어떤 브랜드를 살까? 색깔은? 컨버터블형 아니면 쿠페형? 몇 cc가 좋을까? 휠은 어떤 것으로? 세금이 많이 나오지는 않을까 등등 아주 작은 부분까지 남성들은 며칠 혹은 몇 주 동안 고민에 고민을 거듭한다.

그렇다면 남성들이 결정장애를 더 많이 겪는 걸까? 하지만 이 두

증거물은 성에 대한 뿌리깊은 고정관념에서 비롯한다. 이제 학술적 관점에서 살펴볼 차례다. 어떤 사람에게는 놀랍고, 어떤 사람에게는 당연한 결과겠지만, 학술적으로 보면 남성이 결정을 더 수월하게 내린다. 하지만 미리 말해두건대 남성들이여, 으스대지 말라. 이제부터 중요한 부분에서 여성들이 많이 앞선다는 걸 보게 될 테니.

결단력 면에서 남성이 여성보다 앞선다는 결과는 편견이나 고정관념 때문이 아니다. 남성 두뇌의 기능 방식에 근거한 학술적 결론이다.

남성들의 두뇌 구조는 특정 대안을 선택하는 것보다 좋지 않은 대안을 배제하는 데 더 능숙하다. 여자들의 뇌는 상대적으로 대안을 배제하는 데 더 많은 시간이 들고, 장단점을 일일이 신중하게 검토하다보니 상대적으로 결정을 더 힘들게 내린다고 한다.

남성들의 결정력을 높이는 근원은 두뇌 속 보상중추인 대뇌측좌핵nucleus accumbens이다. 눈 윗부분 뒤편에 위치한 이 보상중추는 우리 삶에 굉장히 중요한 역할을 한다. 뭔가 좋은 일을 기대하거나 긍정적인 경험을 할 때 드는 유쾌함과 행복감이 바로 이 보상중추에서 나오기 때문이다. 대뇌측좌핵이 모든 행복의 순간들을 선사해준다고도 말할 수 있다. 두뇌에 이런 중추가 없다면 우리는 행복감을 맛볼 수 없을 것이다.

두뇌 속 보상 시스템이 정확히 언제 작동하는지는 성별에 따라, 개인에 따라 다르다. 가령 남성의 경우 강력한 엔진을 갖춘 날렵한 자동차들을 보는 순간 보상중추가 활성화된다. 좋아하는 음악을 듣거나 주변 사람들이 미소를 보낼 때는 남녀 구분 없이 이 중추가 활성화된다.

하지만 이런 보상작용에는 이 보상에 중독될 수도 있다는 함정이 있다. 담배를 끊기 힘들어하는 흡연자의 사례를 보자. 여기서도 대뇌측좌핵이 작용한다. 몸에 해롭다고 하지만, 담배를 피우면 기분이 좋아진다. 니코틴이 두뇌 보상중추에 직접적으로 작용해서 행복 호르몬이 분비되기 때문이다. 그래서 니코틴 중독이 될 위험이 생긴다. 대뇌는 행복감에 익숙해지고, 여기서 무의식적인 연결고리가 생겨난다. 바로 '좋은 기분을 위해서는 담배가 필요해!'라는 생각이다.

그런데 흥미롭게도 남성의 경우 뭔가를 거스르는 결정을 할 때, 즉 선택 가능한 대안들을 배제할 때 이런 보상중추가 활성화됐다. 따라서 남자들의 두뇌에서는 선택지를 좁힐 때 기분이 유쾌해지는 호르몬이 분비되는 식의 보상이 이뤄진다. '좋지 않은 가능성들을 배제했어. 좋아, 이제 호르몬 사탕을 줄게.' 이것이 두뇌가 넌지시 던지는 메시지다.

그 결과 남성들은 더 신속하게 결정할 뿐 아니라, 스스로 올바른 결정을 했다고 확신한다. 그들의 정맥을 도는 행복 호르몬 칵테일을 생각하면 놀랄 일이 아니다.

하지만 유감스럽게도 이 부분에서 남녀는 평등하지 않다. 두뇌는 여성들에게도 필요한 정보를 제공하지만 기분좋은 감정이 들게 하지는 않는다. 그렇기에 여성들은 들어온 정보를 분석하고, 검토하고, 평가하고, 정리하는 데 훨씬 많은 시간이 필요할 뿐 아니라, 별 재미를 느끼지도 못 한다. 대안들을 하나하나 배제해가면서 최종 선택에 접근할 때 행복하다고? 오, 그 반대다. 여성은 이 과정에서 긍정적인 감정 대신 다른 감정이 든다. 바로 의심이다.

자, 다시 한번 상투적인 예로 돌아가는 걸 양해해달라. 옷장 앞에 선 여성을 다시 떠올려보자. 새롭게 드는 질문과 의심으로 선택은 더 힘들어진다. '스커트를 입을까? 너무 뚱뚱해 보이지 않을까? 검은 바지가 더 낫지 않을까? 그런데 그걸 입으면 신발은 뭘 신지? 게다가 기온이 오르면 검은 옷이 너무 답답해 보이지 않을까? 날씨가 더워질 것 같긴 한데…… 치마를 입으면 동료들이 뭐라고 생각할까?'

약간 과장되고 진부한 예인지 모르겠지만, 여성들의 결정 과정은 정말 이런 경우가 많다. 어떤 여성들은 대안을 무시하거나 배제하는 것을 부담스러워한다. 그들은 신속하고 단순하게 결정하는 걸 어려워한다. 불안을 잠재우기 위해 만일의 경우를 전부 따져본다. 그러나 이를 위해서는 값을 치러야 한다. 시간이라는 대가 말이다.

따라서 남자들이 여자들에게 정말 결정장애가 있느냐고, 왜 이렇게 빨리 결정하지 못하느냐고 비난하는 것도 영 틀린 소리는 아니다. 마찬가지로 여자들이 남자들에게 경솔하고, 즉흥적이고, 심지어 충동적으로 행동한다고 비난하는 데도 이유가 있다. 각각 성별의 안경을 쓰고 보면 정당하고 이해할 수 있는 비판이다. 마음과 달리 뇌가 이끄는 쪽으로 행동할 뿐이다.

남자의 결정은 더 빠르지만, 여자의 결정은 더 합리적이다

당신이 남자라면 지금쯤 '남자가 단연 결정을 더 잘하는구나!'라며 기분좋아할지도 모른다. 하지만 그건 착각이다. 자, 이제 깊이 심호흡하며 이제부터 시작될 인지 부조화를 견뎌보자.

두번째로 밝혀진 학술 결과는 다음과 같다. '더 나은' 결정을 내리는 건 여성들이다. 결정 속도에서 이미 도출 가능한 결론이다. 여자들은 확정하기까지 더 오래 걸리지만, 그만큼 더 신중하다. 더 많은 정보를 모으고, 장단점을 따져서 더 내실 있는 결정을 내리려 한다. 그러다보면 여성들의 선택이 과녁을 맞출 확률이 높아지기 마련이다.

대기업 임원진만 보아도 알 수 있다. 임원진 성비를 보면 여전히 남자들이 대다수다. 하지만 연구 결과만 보면 여성의 비율이 적든 많든 중요한 결정은 여성에게 위임해야 한다는 결론에 이른다.

왜 그럴까? 남성 경영자들과 여성 경영자들 간의 결정 과정이 다르기 때문이다. 캐나다 맥매스터 대학교의 드그루트 비즈니스 스쿨에서 600명의 최고경영자를 대상으로 설문조사를 실시했다. 그중 75퍼센트는 남성이었고, 대다수는 이미 여러 해 동안 기업을 이끌어온 사람들이었다. 물론 결정을 내리는 일에도 능숙했다. 대부분 오랜 커리어 과정에서 입증된 확실한 규칙과 전통적 과정을 따랐다.

그러나 연구자들은—특히 남성 경영자들에게서—또다른 공통점을 확인했다. 대부분의 남성 경영자들은 독단적으로 결정을 내렸다.

어차피 마지막에는 '결정권자'가 모든 책임을 져야 하니 공연히 다른 사람의 참견이나 간섭을 받고 싶지 않은 게 당연하다 여길 수도 있다.

하지만 유의미한 차이는 바로 여기에서 나온다. 남성 경영자들과 달리 여성 경영자들은 협력적인 업무 스타일을 중요시해 조용한 방에서 독단적으로 결정을 내리기보다 여러 관점을 두루 고려하고자 했다. 어떤 방안이 개인과 회사 모두에 좋을지뿐 아니라, 다른 이익집단의 관심 사항도 고려했다. 그렇게 내린 결정은 경영진뿐 아니라 직원, 주주, 거래처, 고객 모두를 만족시키는 공정한 합의로 이어졌다.

물론 최고경영자가 여성인가 남성인가에 따라 차이가 있는지를 두고 의견이 분분하다. 그러나 오랜 연구관찰 결과에 따르면 남성 경영자와 여성 경영자의 리더십 스타일에 차이가 있을 뿐 아니라 여성의 접근 방식이 상대적으로 더 많은 이점이 있다고 한다. 드그루트 비즈니스 스쿨의 연구소장 크리스 바트는 이렇게 말한다.

"우리는 그동안 여성 임원진이 많은 기업일수록 장기적으로 더 좋은 실적을 낸다는 걸 봐왔다. 우리의 연구 결과로 볼 때 경영진의 여성할당률을 높이는 것이 윤리적으로 정당할 뿐 아니라, 재정적으로도 현명하고 의미 있는 일이다. 이를 포기하는 기업은 결국 투자자들을 기만하는 셈이다."

크리스 바트 교수 팀만 이런 목소리를 내는 게 아니다. 2007년 통계에 따르면 경영진 중 여성 비율이 높은 기업은 투자수익률이 66퍼센트 높았고, 매출수익률도 42퍼센트 높았다.

정확한 수치를 따지지 않더라도, 여성이 목소리를 낼 수 있는 기업이 수익 면에서도 성과를 낸다는 걸 알 수 있다. 경영진 중 여성이 단 한 명만 있어도 파산 위험이 약 20퍼센트 감소한다는 연구 결과도 있다. 그러므로 여성들은 판단을 내리는 데 다소 시간이 걸리지만, 결정에 들인 시간을 충분히 상쇄하고도 남는 결과를 만들어낸다.

결정은 너무 피곤해

너무 많은 선택을 내려야 하는 상황에 놓이면 정신력이 상당히 소진된다. 미네소타 대학의 심리학자 캐슬린 보스가 실험을 통해 확인한 결과다. 캐슬린 보스는 대학생을 두 그룹으로 나누어 실험을 진행했는데, 한 그룹은 우선 수강 과목을 선택하게 한 뒤 시험을 치르게 했고, 다른 한 그룹은 그냥 시험만 치르게 했다. 그러자 수강 과목을 선택하게 한 그룹이 다른 그룹에 비해 시험 결과가 나빴다.
두번째 실험에서 역시 보스 교수는 피험자들을 두 그룹으로 나누어, 한 그룹은 우선 쇼핑센터에 보내 여러 상품 중에 골머리를 앓으며 쇼핑하게 만든 뒤 수학시험을 치르도록 했고, 다른 그룹은 수학시험만 치르도록 했다. 그러자 역시나 선택의 정글에서 진을 빼고 온 그룹이 비교 그룹보다 실수도 더 많이 했고 집중력도 떨어졌으며, 시험 문제도 더 어렵게 느꼈다.

결론은 좋아서 하든 압박에 못 이겨서 하든 재미있든 없든 간에 결정과 선택은 우리 힘을 소진시킨다. 그러므로 중요한 결정을 해야 한다면 힘든 하루를 마무리할 무렵에, 더 정확히는 이것저것 결정할 일이 많았던 하루를 마감하면서가 아니라 다음날 아침 말끔한 기분일 때 해야 한다.

푹 자고 일어난 사람은 더 현명한 선택을 할 수 있기 때문이다. 잠을 조금밖에 못 자면 반응 속도와 결정 속도가 현격히 떨어지고, 잠을 푹 자면 더 빠르고 자신 있게 결정한다는 걸 누구나 한 번쯤 느껴보았을 것이다. 프랑스의 건강경제경영연구센터의 비르지니 고데카에르 역시 충분한 수면을 취한 피험자들과 다소 피곤한 피험자들, 잠이 굉장히 부족한 피험자들 각각의 결정 행동을 비교한 뒤 수면 시간이 한 시간이라도 부족하면 결정 속도가 느려져 더 위험한 상황에 처한다는 결론을 내렸다.

이런 인식은 길거리 교통 질서뿐 아니라 모든 결정 상황에서 중요하다. 자신의 능력을 과대평가하고 어떤 일의 발생 가능성을 과소평가한다면 사안의 긴박성에 따라 자칫 생명이 위험해질 수도 있다.

3장

모든 문을 다 열어볼 수는 없다

결정이란 무엇인가?

'이런 멍청한 질문이 있다니……' 싶은가? 결정이 뭔지 모르는 사람이 어디 있느냐고? 여러 선택지 중 하나를 고르는 것이 바로 결정 아니냐고? 하지만 그런 식으로 단순하게 정의하기에 결정은 굉장히 복잡하다.

세상에는 명쾌하게 고를 선택지들만 있는 게 아니다. 모든 결정에는 이성적 판단뿐 아니라 감정적인 고려도 포함된다. 개인적인 목표와 주변의 기대를 고려하여 대안을 평가하고 판단한다. 이 모든 과정을 거쳐 나의 필요와 주변의 기대에 부응하는 선택지가 하나로 좁혀지면 결정이 이루어진다.

그러므로 단순히 여러 가능성 중 하나를 선택하는 행위가 결정이라고 정의하는 것은 너무 두루뭉술하다. 마치 "포도주는 포도즙으로 만든 음료다"라고 말하는 것과 비슷하다. 결정이 무엇인지 파악하기 위해서는 결정의 다양한 측면들을 제시하고 이해하는 복잡한 상이 필요하다.

앞으로 나오겠지만, 각각의 결정은 모순투성이라 여기서 소개할 행동 지침 중 많은 것들은 특정한 상황에서만 적용 가능하다. 그러다보니 헷갈릴 수도, 이미 이야기했던 인지 부조화를 겪을 수도 있다. 미안하다. 하지만 앞으로 더 의식 있고 더 나은 결정을 내리려면 이 모든 연관 관계와 모순을 반드시 살펴보고 넘어가야 한다. 자, 그럼—좀더 잘 설명하기 위해—마지막 단계부터 거슬러올라가보자. 결

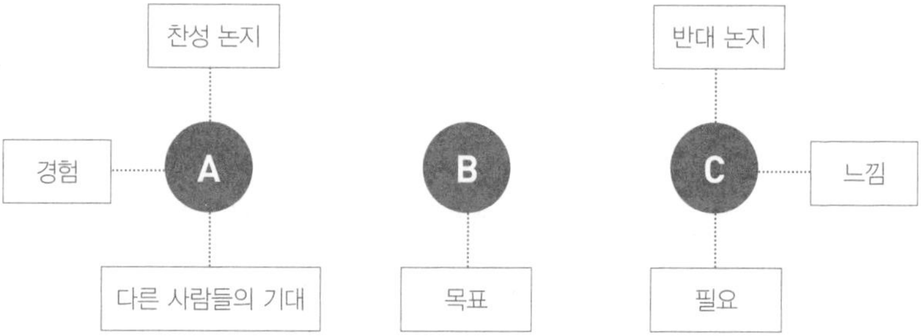

정을 내리는 데서부터 말이다. 모든 숙고와 분석과 선별에서 종종 간과되는 요소가 하나 있기 때문이다.

모든 결정은 베팅이다

결정을 베팅에 비유하는 관점이 다소 독특하게 느껴지는가? 그러나 베팅의 주된 특성들은 결정 과정과 유사하다. 베팅을 할 때도 사람들은—결정을 내릴 때와 마찬가지로—긍정적인 결과가 나오길 기대하기 때문이다.

물론 결정을 내릴 때 경마처럼 돈을 걸거나 축구 경기처럼 어떤 팀이 이길지 내기하지는 않지만 말이다. 베팅이 조마조마한 건 예측을 해야 한다는 부담보다는 다음 세 가지 요인 때문이다.

1. 시간 베팅이 사전에 이루어진다는 점은 많은 여지를 준다. 어느

시점에 어디에 베팅할지를 판단하는 건 전적으로 당사자의 재량이다. 물론 베팅을 확정해야 하는 순간이 온다. 축구 경기 시작을 알리는 호루라기 소리가 들려오거나, 경마에서 신호탄을 쏘는 순간일 수도 있다. 망설이다 이 시점을 놓치면 베팅 기회를 잃는다. 또한 한번 걸었다면 번복할 수 없다. 일단 확정했다면 끝까지 기다려봐야 한다.

2. **불확실성** 얼마나 오래 생각했든 얼마나 많이 조사했든 전문가들의 의견을 얼마나 많이 구했든 간에, 100퍼센트 확신할 수 있는 결과는 없다. 모든 베팅에는 리스크가 따른다. 리스크를 줄일 수는 있지만, 아예 없앨 수는 없다.

3. **배당률** 리스크를 숫자로도 표시할 수 있다. 이를 승자배당률이라고 한다. 패배 확률이 높아 베팅 리스크가 높을수록 배당률이 높아져 이길 때 받는 보상도 커진다. 어떠한 위험도 감행하지 않는 사람은 아무것도 얻지 못한다. 반대로 높은 리스크를 무릅쓰는 사람은 (잘될 경우) 많이 돌려받는다.

자, 이제 알겠는가? 결정을 내릴 때도 이런 세 요인이 작용한다. 때로는 결정을 내리기까지 충분한 여유가 있고, 때로는 시간에 쫓긴다. 그러나 어느 순간이 되면 원하는 결과를 얻기 바라면서 확정해야 할 때가 온다. 어떤 결정이든 리스크는 남는다. 또한 위험한 결정일수록 잘되면 더 많은 보상이 기다린다.

결정과 베팅의 차이가 있다면, 베팅의 경우 이겼는지 졌는지를 아는 데 오래 걸리지 않는다는 점이다. 반면 결정의 경우 오랜 세월이 지나야 알게 될 수도 있다. 기본적으로 이런 점이 리스크를 높인다. 결정의 두번째 특징은 다음과 같다.

모든 문을 다 열어볼 수는 없다

간단한 질문. 오늘 아침 어떤 칫솔로 이를 닦았는가? 물론 자기 것을 썼을 것이다. 다른 사람의 칫솔로 닦는 건 생각만 해도 싫은 일이니 말이다. 여느 사람들처럼 당신도 깊이 생각하지 않고 몇 년째 같은 브랜드의 칫솔을 쓸지도 모른다. 부드러운 칫솔모와 딱딱하지 않은 헤드 부분 때문에 계속 그 칫솔을 구매하는지도 모른다. 그러면서 다른 모델의 칫솔은 모두 배제하는 셈이다.

칫솔 선택처럼 그리 중요하지 않은 결정은 설령 실수해도 심각한 결과를 초래하지는 않을 것이다. 강한 모를 쓰던, 중간 모를 쓰던 뭐 그리 차이나겠는가? (치과의사의 생각은 다를지도 모르겠지만 말이다.) 하지만 이런 칫솔 나부랭이가 아니라, 조금 더 비중 있는 결정을 내려야 할 때는 달라진다. 배우자를 고르는 것과 같은 상황 말이다. 일부일처제로 살아가는 한 우리는 한 남자, 한 여자와만 결혼할 수 있다. 영원한 사랑과 정절, 어쩌고저쩌고…… 마침표. 그렇게 다른 사람들은 다 퇴장해버린다. 이론상 그렇다.

자, 이제 중요한 질문. 당신은 선택에 만족하는가? 오케이, 둘 사이의 설레는 감정이 아직 탱고를 추는 한 쉽게 대답할 수 있을 것이다. 그러나 어쩌나, 음악이 그칠 때가 오리니……

놀랍게도 자신의 선택에 만족하는 사람은 극소수다. 만족감이 오래가지 않는다는 사실은 말할 것도 없다. 결정을 내리자마자 뭔가를 놓치고 말았다고 아쉬워한다. 어리석게도 우리 인간들은 자신의 선택에 기뻐하기보다는 어떤 결정으로 말미암은 손해에만 눈을 돌리고 아쉬워한다. 사랑이든 물건이든 다르지 않다. 우리는 희귀하고 쉽게 가질 수 없는 것을 갈구한다. 이미 얻은 것에 대해서는 체감 가치가 급격히 떨어진다. 우리는 철두철미한 사냥꾼이자 채집꾼이다. 어떤 사람들은 좋아하는 이성을 쫓아다니고, 어떤 사람들은 신상 구두를 모은다.

세계적으로 저명한 행동경제학자이자 MIT 교수 댄 애리얼리는 오래전부터 손실을 두려워하는 현상에 대해 연구해왔다. 이 연구의 계기는 그의 제자인 다나였다. 다나는 두 남자 사이에서 고민하고 있었다. 오랫동안 사귄 남자친구와 처음의 열정은 이미 사그라졌음에도 지지부진한 만남을 이어가고 있었다. 어느 날 그녀는 새로운 사람을 만났고, 그에게 푹 빠져버렸다. 그럼에도 오랜 남자친구와의 관계를 청산하지는 못했다.

애리얼리는 다나의 이런 행동을 이해할 수 없었다. 대체 왜 새로운 남자친구와의 행복한 관계를 망치려는 것일까? 언젠가 오래된 남자친구를 새 남자친구보다 더 사랑하게 될지도 몰라서?

비단 다나만 기존의 선택지를 배제하고 새로운 결정을 내리지 못한 채 우왕좌왕하는 게 아니었다. 애리얼리는 예일대의 신지웅 교수와 함께 사람들이 과연 왜 이런 행동을 하는지 연구하는 실험을 고안했다.

댄 애리얼리와 신지웅 교수는 다나의 딜레마를 컴퓨터게임에 적용하여 도어 게임door game을 만들었다. 게임은 이렇게 진행된다.

모니터에 파란색, 빨간색, 녹색 문이 보인다. 게이머는 마우스를 한 번 클릭해서 이 세 개의 문 중 하나에 들어간다. 그러면 다시 파란색, 빨간색, 녹색 문이 나타난다. 이 문 뒤에는 서로 다른 액수의 돈이 있고, 해당 문을 클릭하면 그 돈을 딸 수 있다. 게임의 목표는 최대 백 번을 클릭해서 가장 많은 돈을 획득하기였다.

복잡하지 않은 게임이었다. 애리얼리가 살펴보니, 가장 많은 돈을 획득한 참가자는 일단 침착하게 모든 방을 살펴본 다음, 녹색 문들 뒤에 있는 금액이 가장 크다는 걸 알아내고 녹색 문을 클릭해나갔다. 하나의 선택지로 제한하는 것이 참가자들에게 전혀 어렵지 않아 보였다.

하지만 실제와는 달랐다. 참가자들은 내키는 대로 모든 선택지를 시험해본 다음 결정할 수 있었지만, 현실에서 이런 경우는 극히 드물다. 특히나 연인 관계에서는 말이다.

다나의 경우를 보자. 일단 캠퍼스의 모든 남자와 사귀어보면서 누구와 잘 맞는지를 파악해 남자친구를 선택할 수는 없는 노릇이다. 다나가 모든 남자를 다 거친 후 가장 잘 맞는 남자를 결정할 때까지 꾹 참고 기다려줄 남자는 거의 없다.

애리얼리 교수는 게임을 수정하여 참가자가 클릭하지 않은 문은 점점 쪼그라들게 만들었고, 열두 번 클릭할 동안 한 번도 선택하지 않으면 사라지게 만들었다. 자, 바뀐 게임 조건에 참가자들은 어떻게 반응했을까? 그들의 태도는 완전히 달라졌다.

하나의 문을 열자마자 다른 문들이 점점 작아지자—빨간 문을 클릭하면 파란 문과 녹색 문이 점점 작아진다—얼마 가지 않아 참가자들은 하나의 문이 완전히 사라지는 걸 막으려고 분주하게 이 문 저 문을 클릭했다. 순전히 손실이 불안해 가장 많은 금액을 따야 한다는 본래의 목표를 눈앞에서 잃어버린 것이다. 그 바람에 게임을 마칠 때 딴 금액은 첫번째 버전보다 15퍼센트 더 적었다.

모든 선택안을 열어두는 대가가 만만찮았던 것이다. 그러므로 우리가 중요할지 아닐지 모르는 일들 사이에서 이리저리 헤매는 동안, 정말 중요한 것을 눈앞에서 놓칠 수도 있다.

창의력 문제

자동차에 누굴 태워야 할까?

모든 선택지를 놓쳐버릴 수도 있다. 지금부터 귀여운 창의력 문제를 하나 내겠다. 이 문제는 미국의 한 회사에서 구직 인터뷰에 활용했던 것으로, 브루스 윌리스 주연의 영화 〈식스틴 블럭〉에서 러닝 개그로 쓰이기도 했다.

얼음같이 차갑고 폭풍이 몰아치는 밤, 차를 몰고 조용한 시골길을 달리는 중이라고 해보자. 버스 정류장을 지나치는데 세 사람이 버스를 기다리고 있는 게 보인다.

a) 당장 병원에 모셔야 할 것 같은 할머니
b) 과거 큰돈을 내줘 나를 위기에서 구해준 친구
c) 평생 꿈꿔온 이상형

여기서 딜레마는 당신의 차에 단 한 사람만 태울 수 있다는 것이다. 자, 누구에게 옆자리를 내주겠는가?
곧 돌아가실 것 같은 할머니를 선택하는 사람들이 있을 것이다. 아주 인간적인 결정이다. 하지만 정직한 결정일까?
과거 내게 큰돈을 빌려준 오랜 친구도 있다. 그에게도 의무감이 든다.
다른 한편, 인생에서 이상형을 만날 기회는 또 얼마나 드물겠는가? 이 기회를 그냥 놓치면 평생 후회할 수도 있다.
정말 딜레마가 아닐 수 없다. 실제로 이 테스트는 지원자의 성격, 한계 상황에서의 결정력과 창의력을 보려는 것이다. 옳고 그름은 없다. 자, 무엇을 선택하겠는가? (일단 잠시 멈춰 생각해보자.)
이 문제에 대해 정말 기발한 해결책을 찾아낸 지원자가 있었고, 덕분에 그 이야기는 할리우드까지 전해졌다. 그 지원자는 이렇게 대답했다. 자동차를 친구에게 넘겨서 할머니를 병원으로 모셔가게 한 다음, 자신은 이상형과 함께 버스를 기다리겠다. 이 얼마나 영리한 방법인가!
규칙의 틀을 벗어나 넓은 시각으로 보면 새로운 아이디어를 얻을 수 있다. 때로는 그렇게 일자리를 구하고, 이상형을 만난다.

모든 선택지를 열어두려는 욕심에 부모들은 종종 자녀들을 괴롭힌다. 피아노, 영어, 유도, 발레. 다섯 살밖에 안 된 아이들을 이 학원에서 저 학원으로 전전하게 한다. "우리 아이에게 최고의 기회를 주어야 한다"며 말이다. 그러다보니 아이들의 하루는 군사작전을 방불케 할 만큼 촘촘히 구성된다. 그 과정에서 힘든 건 아이뿐이다. 아이는 그저 아이처럼 놀고 싶을 뿐인데 말이다.

그렇다면 이것도 시키고 싶고, 저것도 시키고 싶은 마음을 어떻게 이겨낼 수 있을까?

이 글을 읽는 것으로 이미 첫걸음은 뗐다. 가능하면 오랫동안 모든 기회의 문을 열어놓고 싶다는 비이성적인 충동을 느끼는 것이 인간의 특성이라는 걸 지금 보지 않았는가. 그렇게 모든 문을 열어둔다고 해서 더 좋은 결과가 나오지도 않는다는 것 또한 알고 있다.

두번째 단계는 선택 가능한 몇 개의 문을 의식적으로 닫는 것이다. 자기계발 전문가들은 그것을 '포커스 설정하기'라 부른다. 그렇다. 이제 몇 개의 선택지를 놓아버려야 한다. 하지만 내가 내린 선택으로 조금 더 행복해진다면, 뭐가 손해란 말인가? 남의 잔디가 더 푸르게 보일지라도, 진짜로 더 좋은 잔디는 아니다.

포커스 설정하기는, 많은 사람들이 그런다는 이유로 모든 이벤트, 회의, 모임을 좇아다니지 않는 것일 수도, 그저 친구들이 모두 다녀왔다고 해서 다음 휴가지를 뉴질랜드로 정할 필요는 없다는 뜻일 수도 있다. 그렇지만, 한 가지를 선택한다는 건 다른 많은 대안들을 포기한다는 뜻이다. 뭐, 좋다! 결국 그럴 만한 이유가 있었던 거니까. 아주 개인적인 이유라도 상관없다. 개인적인 이유가 가장 좋은 이유다.

결정의 함정: 이중구속double bind

최면요법 치료사 밀턴 H. 에릭슨이 치료 목적으로 종종 활용했던 결정의 함정 요법이 있다. 이것은 상대를 곤경에 몰아넣는 수사학적 표현으로, 심리학에서는 이를 이중구속이라 부른다.

이중구속의 경우, 화자가 원하는 결과는 이미 정해져 있다. 그러나 표면적으로는 두 가지, 혹은 세 가지 선택권 가운데서 결정할 수 있는 기회를 부여하는 척한다. 부모들은 종종 무의식적으로 자연스럽게 이런 비열한 기법을 써먹는다. “숙제부터 하고 놀래? 아니면 일단 20분 놀고, 그다음에 숙제할래?" 이거든 저거든, 다음 30분 안에 숙제를 해야 한다는 건 기정사실이다. 아이는 선택권을 가진 것처럼 보이지만 사실은 선택권이 없다. 블로그 사이트 마이몽크에서 재미있는 일화를 발견했다. 이와 비슷한 상황을 경험해본 사람들이 많을 것이다.

아내가 크리스마스에 남편에게 넥타이 두 개를 선물했다. 남편은 둘 다 마음에 들어서, 다음날 당장 그중 한 개를 맸다. 그 모습을 본 아내는 미심쩍은 눈길로 남편에게 이렇게 말한다. "저 넥타이는 마음에 안 드나보네?"

웃음을 자아내는 상황이다. 하지만 웃음 지을 수 있는 사람은 제3자뿐이다. 이중구속에 기초한 의사소통은 관계를 굉장히 압박하여, 시간이 갈수록 관계를 악화시킨다. 사적 관계든 공적 관계든 마찬가지다.

선택권을 주는 것 같지만 겉보기만 그럴 뿐, 사실은 거의 압박하는 조처에 불과하다는 걸 상대는 늦든 빠르든 알아차린다. 그러면 선택권이 제시되었음에도 사실은 선택할 수가 없다는 체념과 함께 무력해지고, 이내 씁쓸함과 분노를 느낀다. 관계에는 독이 될 뿐이다.

4장

딜레마와 미끼

너무 많아도, 너무 적어도 곤란하다

각양각색의 잼이 커다란 진열장에 빼곡히 놓여 있다. 병마다 세련된 서체에 먹음직스런 과일 일러스트가 어우러진 상표가 붙어 있다. 스트로베리-라바베르, 블루베리-바닐라, 애플-시나몬…… 아무리 작은 병이라도 근사한 이름 하나씩은 다 가지고 있고, 이름만 읽어도 입에 침이 고인다. 맛있는 잼!

우리는 젖과 꿀이 흐르는 땅에 살고 있다. 슈퍼마켓 하나에 진열된 상품만 해도 4만 종에 이른다. 잼 종류만 해도 한두 가지가 아니다. 어떤 잼을 고를까? 딸기잼을 계산하려고 계산대 앞에서 기다리는 동안 당신은 속으로 묻는다. 복숭아잼으로 가져올 걸 그랬나?

아니, 잼을 사는 일 정도쯤은 고민하지 않을지도 모른다. 늘 먹던 제품이 있으니까. 딸기잼이나 버찌잼, 아니면 마음 내키는 대로! 하지만 이런 딜레마를 모르는 사람은 없다. 그렇다보니 쇼핑을 하는 건 참으로 스트레스다. 오늘 청바지를 하나 사야 한다고 가정해보자. 5분 만에 끝나는 일이 아니다. 거의 연구를 해야 한다. 슈퍼스키니, 하이웨이스트, 로앵클, 부츠컷, 단추 혹은 지퍼가 달린 것, 빈티지풍, 스톤워시 진…… 이렇게 복잡한 마당에 어떻게 하나를 택할 수 있을까? 선택지가 많을수록, 결정은 거의 불가능해진다.

어느 평범한 토요일, 뉴욕 컬럼비아 대학 경영학과 교수 시나 아이엔거와 마크 레퍼는 사람들이 수용 가능하다고 여기는 선택지의 수는 몇 가지인지 알아보기 위해 쇼핑객들의 틈바구니에 섞였다. 그들은 어느 식품점 입구에 작은 시식 코너를 마련했다.

그러고는 지나가는 사람들에게 다양한 종류의 잼이 발린 빵을 시식하도록 제공했다. 실험 조건을 둘로 나누어 한 번은 여섯 가지의 잼을, 한 번은 무려 스물네 가지의 잼을 시식하게 했다. 그러자 놀라운 차이가 나타났다. 선택의 폭이 아주 넓었던 경우는 무려 60퍼센트의 손님이 시식에 응했다. 많은 선택지가 많은 고객들을 끌어들이는 듯했다. 하지만 이 경우 잼을 실제로 구매한 고객은 2퍼센트도 채 되지 않았다. 반면 여섯 종류의 잼을 제공한 경우는 약 40퍼센트의 손님만 시식에 응했으나 실제 잼을 산 비율(실제 구매 비율)은 12퍼센트에 이르렀다.

우리는 많은 선택지 중 고르고 싶어한다. 하지만 동시에 많은 선택지를 부담스러워한다. 이런 모순을 어떻게 설명할 수 있을까?

선택지가 많은 건 분명 매혹적이다. 선택지가 많을수록 마음에 드는 걸 발견할 확률이 높아진다. 즉 잠재적 효용이 높아진다. 하지만 동시에 결정하는 데 더 많은 노력과 시간이 든다. 선택지 간의 차이를 비교하고 검토해야 하기 때문이다. 많은 사람들이 이에 힘들어한다. 말 그대로 나무를 보느라 숲을 보지 못하는 형국이다.

이런 딜레마에서 벗어나는 방법이 바로 카테고리로 분류하기다. 연구팀은 잼을 잡지로 바꾸어 다시 실험을 진행했다. 참가자들은 144종의 잡지 중 하나를 골라야 했다. 하지만 사람들은 비교적 수월하게 선택했고, 자신의 선택에 상당히 만족했다. 잡지는 라이프스타일, 요리, 패션과 같이 카테고리로 분류가 가능하고, 패션에 관심이 있는 사람은 선택지가 144종이나 되더라도 그 수에 개의치 않고 여남은 개의 패션지 중에서 고르면 되기 때문이었다. 그렇다면 가장 적합한 선택지의 수는 몇 가지일까? 세 가지, 열 가지, 혹은 그 이상? 몇 가지라고 정확히 말할 수 있을까?

바르셀로나 폼페우 파브라 대학의 경제학 교수 엘레나 류츠카야와 로빈 호가스는 이를 밝히기 위해 실험을 진행했다. 그들은 참가자들에게 색깔과 형태가 제각각인 상자들을 보여주며, 친구에게 선물할 용도로 어떤 상자가 좋을지 고르게 했다.

류츠카야와 호가스는 그 과정에서 차츰 상자 수를 늘렸다. 처음에는 다섯 종, 다음에는 열 종, 그다음 열다섯 종, 마지막에는 서른 종을 제공하는 식으로 말이다. 그 결과 열 종을 제공했을 때가 다섯 종만 제공했을 때보다 참가자들의 만족도가 확연히 높았다. 하지만 열다섯 종 이상이 되자 참가자들은 결정을 더 힘들어했고, 서른 종의 박스 중에 고를 때는 전혀 집중하지 못했다. 그러므로 이 실험에 따르면 최적의 가짓수는 다섯 가지에서 열 가지 사이라고 할 수 있을 것이다.

하지만 다섯 가지 미만의 선택지 중 골라야 할 때는 어떨까? 선택지가 적으니 더 만족도가 높지 않을까?

딱히 그렇지는 않다. 다양성이 너무 적은 경우는 열다섯 종류 이상의 경우와 마찬가지로 참가자들의 만족도가 떨어졌다. 선택지가 너무 적은 경우는 너무 많은 선택지 중 골라야 할 때처럼 부담을 느끼기 때문이다.

캠핑카를 구입하려던 내 친구 잉고는 두 가지 모델 중 하나를 골라야 했다. 두 모델은 조건이 거의 비슷했기에 잉고는 몇 개월 동안 결정을 못 내리고 이리저리 고민만 했다. 그러다 드디어 결정을 내렸을 때는 여름과 가을의 휴가철이 다 지나가서, 캠핑카는 생겼으나 가족과의 여행은 내년으로 미루어야 했다. 물론 더 나은 결과를 얻긴 했지만, 뷔리당의 당나귀 같은 형국이 되었던 것이다.

뷔리당의 당나귀

옛날 굶주린 당나귀 한 마리가 있었다. 그 당나귀는 먹이를 찾아다니다 헛간 옆에 놓인 두 개의 건초 더미를 발견했다. 당나귀는 멈춰 섰다. 오, 둘 다 맛있어 보인다. 어떤 것을 고를까? 양이 많은 쪽을 골라야지. 당나귀는 유심히 건초 더미를 살폈다. 둘 다 양이 비슷해 보였다. 좋아. 그럼 더 가까운 건초 더미를 골라야지. 그런데 둘 다 거리가 비슷했다. 그렇게 망설이느라 몇 시간이 흘렀고, 결국 결정을 못 내린 당나귀는 건초 더미 사이에서 굶어 죽었다.

이 비유를 처음 든 이는 프랑스의 철학자이자 물리학자이자 논리학자인 장 뷔리당으로, 그의 이름을 따 이를 '뷔리당의 당나귀'라고 부른다. 하지만 뷔리당의 저서에는 정작 아무데도 이 비유가 등장하지 않는다고 한다.

맨 처음 누가 지어냈는지는 차치하고, 이 비유는 의지와 이성 사이의 상호작용을 보여준다. 이성적 선택(오른쪽 건초 더미를 먹을 것이냐, 왼쪽 건초 더미를 먹을 것이냐?)을 못 하면, 의지("배고파. 먹이를 먹을 거야")는 힘을 발휘할 수가 없다.

잉고와 뷔리당의 당나귀 이야기는 망설임이 어떤 결과를 초래할지를 보여준다. 당나귀는 굶어 죽을 수도 있다는 사실을 생각하지 못했고, 잉고는 빨리 결정해야 캠핑을 떠날 수 있다는 걸 미처 생각하지 못했다. 잉고와 당나귀 앞에 놓인 두 선택지의 차이는 미미해 당나귀는 어느 건초 더미를 택하든 맛있게 잘 먹었을 테고, 잉고 역시 어느 캠핑카를 택하든 만족했을 것이다. 더 쉽게 결정할 수 있었을 텐데……

왜 이들은 그토록 어려워했던 것일까?

문제는 선택지들이 똑같이 매력적이라는 데 있다. 선택지가 엇비슷할수록, 결정은 더 힘들다. 비슷한 선택지가 둘일 때는 정말로 힘들다. 하지만 선택지가 세 개 이상일 때도 별로 다르지 않다. 런던 정경대의 경제학 교수 바버라 파솔로의 연구를 보자. 파솔로는 요구르트를 고를 때 바닐라, 딸기, 플레인 중 하나를 고르는 건 쉽지만 딸기, 라즈베리, 블루베리 중에서 고르는 건 훨씬 어렵다는 사실을 깨달았다.

즉 선택지의 숫자뿐 아니라, 선택지 간의 확실한 차별성을 두는 것도 중요하다. 선택지의 성격이 확실히 다르면 결정이 한결 쉽다.

미끼 효과: 미끼가 있으면 선택이 쉬워진다

선택지 간에 차별성을 갖추는 방안뿐 아니라, 기존의 선택지에 현실성 없는 선택지 하나를 추가하는 것도 결정에 도움이 된다.

이를 미끼 효과decoy effect라 부른다. 미끼 효과는 기존의 선택지보다 확연히 좋지 않은, 혹은 별로 매력적이지 않은 선택지를 하나 추가하면 결정이 더 쉬워진다는 이론이다.

이 현상을 발견한 사람은 듀크대 경영학 교수 조엘 후버다. 후버는 1980년대 초 피험자들에게 어려운 선택지를 제시했다. 외식하려 할 때 좀 멀지만 별 다섯 개짜리 평가를 받는 식당에 갈 것인가, 아니면 가까운 별 세 개짜리 식당에 갈 것인가? 그러자 응답자들은 혼란스러워했다. 두 선택지 중 어떤 게 더 좋은지 분간이 잘 안 됐기 때문이었다. 후버는 선택지를 조금 더 늘려 식당을 하나 추가하였다. 별 네 개짜리로 완전히 멀고 외진 곳에 위치한 식당이었다.

추가된 선택지는 적절한 정보라고 할 수 없다. 이 선택지가 두 레스토랑에 대한 새로운 지식을 제공해주는 것도 아니었다. 그럼에도 참가자들은 이제 확실하게 결정할 수 있었다. 별 다섯 개짜리 레스토랑으로.

새로운 선택지는 실질적인 부가가치를 제공해주지 않지만 결정을 수월하게 내리는 데 도움을 주었다. 미끼가 기존의 선택지를 서로 비교하게 만든 것이다. 물론 그전에도 참가자들은 별 세 개보다는 별 다섯 개가 낫다는 걸 알고 있었다. 하지만 거리상의 단점 때문에 망설이다 새로운 선택지가 등장해 그보다 더 먼 식당에 갈 수도 있음을 알게 되자 전에 단점으로 느껴지던 것이 더이상 단점으로 보이지 않게 되었다.

마케팅에서도 미끼 효과가 애용된다. 주로 구매결정에 중요한 영향을 미치는 두 가지 기준—가령 가격과 질—을 가진 각각의 상품에 미끼 상품을 곁들이는 것이다. 이런 미끼 상품은 현실적인 선택지가 아니라 기존 상품의 매출을 높일 요량으로 제시된다.

여기서 미끼는 주력으로 내세우려는 선택지보다 확연히 떨어

진다. 그리고 주력상품과 경쟁구도에 놓인 또다른 상품과 비교했을 때 한 요소는 뛰어나지만, 다른 한 요소는 확연히 떨어진다. 많은 고객들은 이런 수작에 넘어간다. 미끼에 낚여서 순식간에 마케팅 전략이 유도하는 선택지로 마음을 굳힌다.

5장

선택하지 않는 것도 선택이다

테네리페의 비극

반 잔턴은 아주 성실한 사람이었다. 정확하고 꼼꼼하게 업무를 처리했고, 수많은 비행 경력을 자랑하는 최고의 파일럿이었다. 하지만 단 한 번의 성급한 결정으로 이 모든 것을 물거품으로 만들었고, 승객 수백 명을 죽음에 이르게 했다.

서글서글하고 총명해 보이는 눈. 빛나는 미소, 희끗희끗한 머리, 주름 잡힌 그의 이마를 보면 그가 노련한 조종사라는 걸 알 수 있다. 1만 1000시간 이상 비행한 베테랑 조종사. 흰 셔츠, 남색 넥타이, 금빛 견장…… 제복만 봐도 권위와 전문가다움이 느껴진다. 조종실 계기판과 수많은 스위치 앞에 앉아 앞쪽을 응시하는 그의 모습을 보면 금방이라도 "안녕하십니까? 저는 여러분을 모시는 기장입니다"라고 인사할 것 같다. 그의 시선에는 자신감과 여유가 느껴진다. 이런 사람을 신뢰하지 않을 수 있을까? 그럴 수밖에 없을 것이다.

네덜란드 항공사 KLM이 기내 매거진에 실린 자사 광고에 그의 사진을 실은 것도 그래서일 터이다. "고객님의 믿음에 성실히 보답하겠습니다"라는 카피가 사진과 함께 실려 있다. 1977년 3월 27일에 일어난 참사를 생각하면, 이 문장은 상당히 착잡하게 느껴진다.

반 잔턴은 보잉 747 라인 기를 몰고 암스테르담에서 스페인의 그란카나리아 섬까지 비행한 후, 새로운 승객들을 태워 네덜란드로 복귀해야 했다. 늘 하던 일이었다. 그러나 이날은 모든 것이 달랐다.

그란카나리아 섬에서 폭탄 테러가 발생하여 라스팔마스 공항이

임시 폐쇄되었다. 하지만 베테랑 조종사가 이 정도로 당황할 리는 없었다. 얼마 전에도 이런 경우를 대비하여 훈련을 받은 터였다. 반 잔턴의 비행기는 가까운 테네리페 섬으로 회항했다. 활주로가 하나뿐인 테네리페 섬의 로스로데오스 공항은 이날 과포화상태였다. 그란카나리아 섬으로 가려던 여객기들이 모두 테네리페 섬으로 회항하여 테네리페 공항의 인력과 시설로는 감당할 수 없게 되었고 어쩔 수 없이 비행 일정에 차질이 빚어졌다.

반 잔턴은 얼른 네덜란드로 출발하려 했다. 네덜란드 항공법이 정한 근무시간을 초과하면 처벌을 받는데, 초과 근무시간까지 몇 시간 남지 않았기 때문이었다. 초만원인 이 섬에서 하룻밤을 보내고 싶지 않았다. 반 잔턴은 시간을 벌기 위해 모든 조치를 취했다. 가능한 신속하게 이륙할 수 있도록 항공기에 급유도 받았다. 그러는 사이 공항에 안개가 짙게 드리워졌다. 안개가 더 짙어지면 이 공항도 폐쇄될 판국이었다.

베테랑 조종사는 급한 마음에 맹목적으로 행동하여 돌이킬 수 없는 결정을 내리고 말았다. 짙은 안개로 앞이 거의 보이지 않는 상황에서 반 잔턴의 비행기는 이륙을 준비하러 활주로로 향했다. 바로 그때 관제탑과의 교신에 혼선이 생겼다. KLM의 부기장 메우스는 명확히 정리되지 않은 상황을 파악하고, 이륙하려는 반 잔턴을 말리며 아직 관제탑에서 이륙 허가가 떨어지지 않은 것 같다고 말했다. 하지만 반 잔턴은 부기장의 의견을 묵살해버리고 비행기를 가속했다. 그렇게 사건은 벌어졌다. 안개 속에서 갑자기 또 한 대의 보잉 747기가 모습을 드러냈다. 미국 팬암 항공사의 비행기였다. 방향을 바꾸어 충돌을 피하거나 브레이크를 잡는 것 모두 불가능한 상황이라 반잔턴은 패닉에 빠져 급하게 기수를 들어 이륙을 시도했다. KLM기의 기수 부분이 팬암기를 넘어가는 듯했으나 급유를 받아 무거워진 동체 꼬리 부분이 활주로에 끌리면서 결국 두 비행기가 충돌하고 말았다. 순식간에 팬암기의 동체 상부 구조물이 날아갔고, KLM기는 몇 미터 더 날아가다 결국 추락하여 폭발해버렸다.

이 최악의 참사는 성급하고 분별없는 결정이 어떤 결과를 초래하는지를 보여주는 비극적인 예다. 많은 이들이 행동하지 않고 가만히 있는 것을 힘들어한다. 가만히 있으면 뭔가 잘못하고 있는 듯한 느낌이 든다고 말이다. 그럴 필요도 없는데 결정을 내리고 곧장 움직여야 할 것만 같다. 이를 행동주의, 혹은 학술용어로는 행동편향action bias이라 부른다. 이 역시 사냥과 수집으로 생존했던 선사시대의 유산이다. 그 시대에는 순발력 있게 반응하여 대처하는 자만이 살아남았다.

숙고는 오히려 근대 들어 생겨난 행동 양상이다. 새롭고 불확실한 상황을 맞닥뜨리거나 제대로 판단을 내리기 어려울 때 우리는 선사시대의 행동 패턴으로 돌아간다. 행동편향이 우위를 점하면 우리는 도움이 되든, 안 되든 먼저 움직여본다.

도로가 막힐 때 우리는 계속 차선을 바꾼다. 교통연구자료를 보면 이런 행동이 전혀 도움되지 않는다 해도 말이다. 외려 반대다. 공연히 이리저리 차선을 바꾸고 브레이크를 잡다보면 정체는 더 길어질

뿐이다. 직업을 찾을 때도 마찬가지다. 1년 남짓 일하고 낙담해서 다른 일자리를 알아보는 사람들이 많다. 다른 직장에 가면 다시 수습 기간을 거쳐야 하고, 이전 직장에서 겪었던 일이 되풀이되지 않는다는 보장이 없는데도 말이다.

때로 기다림은 좋은 선택이 된다. 기다림은 그 자체로 일종의 결정이다. KLM 항공기 참사처럼 치명적인 결과를 초래하는 건 아니더라도 충동적인 행동이 상황을 악화시킬 수도 있다.

경찰들의 업무 수행 태도를 관찰한 영국 학계의 연구 결과를 보면 기다림의 미덕이 잘 드러난다. 나이트클럽에서 실랑이가 벌어질 때 경찰이 개입하는 경우를 살펴보니 젊은 경찰관들은 즉각 개입하는 반면, 경험 많은 경찰관들은 일단 지켜본다. 연구자들은 이런 패턴을 지속적으로 관찰하며 이 두 가지 행동이 어떤 결과를 초래하는지 비교해보았는데, 경찰관들이 개입하지 않고 시간을 끌 때 오히려 싸

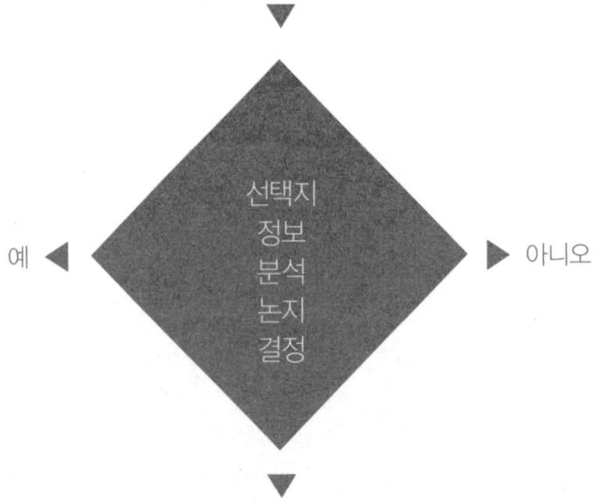

움이 저절로 누그러드는 경우가 많았고, 부상자도 더 적었다.

기다리기, 말로는 쉽다. 그러나 현실에서는 어렵다. 우리는 자주 안절부절못하며 당장 뭔가를 해결하고 싶어한다. 결정을 내려야 하는 상황에서 이런 태도는 대개 치명적이다. 물론 중요한 것은 기다려야 할 때와 당장 행동에 나서야 할 때를 분별하는 기술이겠지만, 이에 대해서는 차차 살펴보자.

무위無爲: 창의성 수동성

무위철학. 도교에서 유래한 것으로, 맹목적 행동주의와 상반되는 개념이다. 행동하지 않는 행동이고, 애쓰지 않는 행동이라 할 수 있다. 일종의 창조적 수동성이다.

게으름이나 빈둥거림을 옹호하는 것이 아니다. 하지만 편안하고 여유로운 태도로 임하면 더 나은 결정에 이를 뿐 아니라, 삶의 질을 높인다.

하지만 이를 삶에 적용하려면 중요한 미덕이 하나 필요하다. 평정심이다. 고대 그리스인들이 추앙했던 이 미덕은 로마의 철학자 세네카의 말처럼 "정신이 신체보다 우월하다"라고 여겨 자신의 욕망과 감정을 절제하는 걸 중요시한다.

독일 쾰른 공항 D터미널 입국장에는 이와 관련해 두 가지 원칙이 새겨져 있다. "올 일은 오는 법." "꽤 잘될 겁니다." 이 문구에는 영혼의 고요한 정신이 담겨 있을 뿐 아니라, 평정심은 무엇보다 태도의 문제라는 것을 보여준다.

이런 '쿨함'은 타고나는 것이 아니다. 평정 상태에 도달하는 데 자제심과 삶의 경험이 각각 3분의 1씩 영향을 미친다면, 나머지 3분의 1을 차지하는 건 일에 대한 관점이다. 자기 자신이나 상황을 어떻게 평가하는가. 객관적인 기준은 없기 때문에, 무언가를 어떻게 평가하고 어떤 결정을 내릴지는 전적으로 우리 몫이다.

좋은 소식은 평정심은 훈련을 통해 기를 수 있다는 것이다. 나쁜 소식은 그러려면 힘과 시간이 든다는 것이다. 일상 속 수많은 작은 걸음을 통해 연습해나가야 한다. 이를테면 다음과 같다.

• 지각을 훈련하라

무슨 일이 일어났는가? 나쁜 일인가? 그 일로 벌어질 예상 결과는 무엇이고, 실제 결과는 무엇인가? 당신의 지각을 훈련해보자. 드라마를 쓰는 대신 현실적인 스케치를 그려본다면, 금방 평온해질 것이다.

• 어떤 반응을 보일지는 당신의 몫이다

어떤 사건에 어떻게 반응할지는 당신의 결정에 달려 있다는 사실이 중요하다. 평온을 유지할지 흥분할지는 당신의 몫이다.

• **단어를 가려 쓰라**

진부하게 들리지만, 자칫하면 모기가 코끼리로 변해버린다. 작은 일을 두고도 "정말 심각한 문제다" "가공할 참사로구먼" "엄청난 실수야"라고 부풀리지는 않는가? 그렇지 않다고? 다행이다. 부정적으로 말하는 건 부정적으로 사고한다는 의미이기 때문이다. 비관적 분위기를 부풀리는 언어는 무력해지게 한다.

물론 결정하고 행동해야만 하는 때가 온다. 그러나 그 시점은 스스로 생각하는 것보다 훨씬 나중일 수 있다. 평온을 유지하고 에너지를 집중하고, 적절한 때를 분간하는 것이 때론 더 영리하고 더 성공적인 전략이다.

우유부단한 성격을 고치고 싶은 사람에게 전하는 몇 가지 조언

완벽한 선택을 해야 한다고 생각하면 굉장한 압박을 느낀다. 어떤 사람들은 이런 압박감을 잘 활용해 자신을 채찍질함으로써 높은 성과를 낸다. 그러나 어떤 사람들은 굉장히 부담을 느낀 나머지 거의 일상이 마비되거나, 해야 할 일을 계속해서 미루기도 한다. 미국의 심리학자 윌리엄 제임스는 "결정을 해야 함에도 하지 않는 것, 그 또한 하나의 결정이다"라고 말했다. 모순적인 말 같고, 그런 결정이 늘

의식적으로 이루어지지는 않지만 말이다.

선택하지 않는 것이 이미 나와 있는 어느 선택지와 완벽하게 동일한 결과를 낼 수도 있지만, 그렇지 않을 수도 있다. 가령 벼룩시장에서 의자를 사려는 참이다. 길고 질긴 가격 흥정 끝에 판매자가 당신에게 이렇게 묻는다. "그래서 살 거요, 말 거요?" 당신은 이 두 가지 선택지 가운데 결정을 하던가, 아니면 결정하지 않고 그냥 가버릴 수 있다. 그냥 가버리는 경우 결과는 두번째 선택지와 동일하다. 의자를 사지 않는 것이다.

그러나 다른 대답을 할 수도 있다. 그러면 선택하지 않는 행위는 상인의 수사학적 구속에서 벗어나는 해방의 수단이 된다. 즉 "이 의자가 마음에 들어요. 하지만 이 가격에는 살 수 없습니다" 하는 식으로 대답하는 것이다. 때로는 미처 알아차리지 못한 숨은 의도가 있을 수도 있다. 당신을 결정으로 내모는 모든 일이 늘 선의에서 비롯되지는 않는다. 이중구속이라는 음험한 기법을 생각해보라.

하지만 꼭 짚고 넘어가야 할 것은 결정을 하지 않고 내버려두는 행동이 좋지 않다는 것이다. 자꾸 미루는 습관이나, 결과가 두렵고 결과를 책임지고 싶지 않은 마음, 혹은 결정력의 부족이 깔려 있을 수도 있다. "강해지는 것만이 유일한 선택지로 남을 때까지 우리는 스스로 얼마나 강한지를 결코 알지 못한다"라는 정곡을 찌르는 금언도 있다.

자주 주저하고 망설이는 사람일수록 시간이 갈수록 타인의 신뢰를 잃게 되고, 또 스스로를 믿지 못한다. 그렇게 주변뿐 아니라 스스로에 대한 기대에도 부응하지 못한다.

자녀를 낳을지 낳지 않을지, 집을 소유할지 세 들어 살지, 시골에 살지 도시에 살지를 결정해야 할 때처럼 가능한 한 모든 상황에서 스스로 주도권을 잡아야 한다. 파트너(배우자), 가족, 나 자신 역시 스스로 의견을 개진하고, 선택을 하고, 선택에 책임지리라 기대한다. 살아간다는 것은 늘 새로운 선택 앞에 마주서는 일 아닐까. 끊임없이 말이다. 선택은 우리 삶과 떼려야 뗄 수 없다.

하지만 책임을 다른 사람 혹은 상황에 전가하고, 선택을 피하면 삶의 주도권을 잃게 된다. 처음에는 편할 수도 있다("일단 일이 어떻게 전개되는지를 좀 보자고"). 흘러가는 대로 상황을 내버려두는 것은 괜찮다. 하지만 만성적으로 그러면, 외부 상황의 꼭두각시가 되어버린다. 능동적으로 행동하지 못하고 휩쓸려가는 들러리가 된다.

자꾸만 망설이고 주저하는 마음이 든다면 어떻게 해야 할까? 매번 완벽한 결정을 내려야 한다는 생각에서 좀 벗어날 필요가 있다. 좋은 결정으로도 충분하다. 특히 선택한 안이 기분좋게 느껴진다면 말이다. 다음은 우유부단한 사람들이 결정에 이르게 돕는 소소한 가이드라인이다.

• 스스로를 압박하지 말라

등반가들은 높은 산을 어떻게 오를까? 한 구간 한 구간, 한 걸음 한 걸음 올라간다. 산밑에서 꼭대기를 올려다보며 "오, 맙소사, 정말 높구나!"라며 놀라기만 하는 사람은 산에 오를 엄두를 못 내고 발치에서 다시 집으로 달음박질칠 것이다. 그런 사람들은 쉽게 압박을 느낀다. 정상에 올라야 한다는 압박감을 버리고 한 걸음 한 걸음 나아가는 자세가 필요하다.

• 과장하지 말라

검은색 자동차를 살 것인가, 메탈블루색 자동차를 살 것인가 정하는 상황에서도 무슨 생사가 걸린 일인 양 행동하는 사람이 종종 있다. 어떤 일에 너무 쉽게 몰입하다보면 본질을 잃게 된다. 무엇이 정말 중요한지 의식하라.

• 더이상 찾지 말라

만족스러운 해결책을 발견할 때까지만 고민하라. 최선에 근접한 '차선'이 좋다. 드라이브를 하다가 쉴 만한 장소를 찾는다고 하자. 이미 몇 시간 동안 운전을 했고 이제 좀 쉴 필요가 있으며, 쉬기 괜찮은 장소도 보인다. 하지만 그럼에도 도무지 못 멈춘다. 조금만 가면 더 멋진 장소가 나타날 것 같아서다.

그렇게 최고의 장소가 나타날 거라는 희망을 품고 계속 헤맨다. 이런 수고를 끝내려면 "조금만 가면 더 좋은 곳이 나오지 않을까?"라는 질문을 그만두고 그냥 차에서 내려야 한다. '여기 나쁘지 않군' 싶다면 일단 내려라. 그 정도면 충분하다. 금방 기분이 좋아질 것이다.

• 실수를 피하지 말라

완벽한 결정을 내릴 수 있다는 환상은 약간의 실수도 범하지 않으려는 노력에서 비롯한다. 아직도 우리 사회에는 실수를 용납하지 않는 분위기가 만연하다. 고객과의 대화가 삐걱거렸을 수도 있고, 생산 단계에서 부주의했을 수도 있다. 계약을 성사시키지 못하고 거래처를 놓칠 수도 있다. 모두 일어날 수 있는 일이다. 실수는 인간적인 일이다. 잘못 결정할 가능성 때문에 결정 자체를 그만두어서는 안 된다. 그리스의 철학자 데모크리토스는 "행동의 시작에는 용기가 있고, 그 끝에는 행복이 있다"라고 말했다. 그 말이 옳다.

앞서 네 가지 조언을 실행에 옮기는 것이 쉬울지 어려울지는 당신이 어떤 유형이냐에 따라 달라진다. 미국의 심리학자 배리 슈워츠는 선택 상황에서의 성향을 기준으로 인간을 두 유형으로 구분한다. 최상의 것을 추구하는 '최선 지향' 유형과 적당히 좋으면 만족하는 '만족 지향' 유형이다.

최선 지향 결정 앞에서 모 아니면 도라는 태도를 가진 사람들이 최선 지향 유형에 속한다. 물건 구입을 할 때도 이들은 제품 테스트 결과와 사용 후기를 꼼꼼히 따져보고 주변 사람들이 모두 지쳐 나가떨어질 정도로 최선의 선택을 고집한다. 이들은 종종 주변 사람들도 자신처럼 완벽주의적인 태도를 추구하기를 기대한다. 하지만 최선 지향 유형은 결정하는 데 굉장히 노력하면서도 늘 회의감에 빠져 있다. 어딘가에 더 좋은 선택지가 있을 것만 같아서다. 그래서 최선 지향자들은 결정장애에 빠져 결정을 계속해서 미루고 회피하게 되기 쉽다. 만족 지향자들에 비해 최선 지향자들이 객관적으로는 더 좋은 결정을 내리지만, 그럼에도 불만족스러워 하는 경우가 많다. 물론 쉽게 포기하지 않고, 최선의 결정을 추구한다는 것이 이 유형의 큰 장점이다.

만족 지향 이 유형의 사람들은 삶에서 늘 최선의 것만 얻을 수는 없다는 걸 받아들인다. 최고가 아니어도, 좋은 것이면 충분하다고 여긴다. 그래서 자신의 기준에 부응하는 선택지를 찾으면 그냥 결정해버린다. 어느 시점부터는 끝없이 정보를 찾아봐야 별 도움이 안 되고 힘만 들어서다. 결정을 한 뒤 아쉬워하지도 후회하지도 않는다. 그렇다고 만족 지향자가 최선 지향자보다 야심이나 공명심이 덜하다는 뜻은 아니다. 다만 자신들의 바람과 기대 수준을 알고 있을 뿐이다.

이제 당신이 둘 중 어느 유형인지 알아보자. 슈워츠의 연구에 근거한 다음 질문지와 자가 테스트를 해보자.

자가 테스트

나는 최선 지향자일까, 만족 지향자일까

다음 문장을 주의깊게 읽고 1점(전혀 그렇지 않다)부터 7점(정말 그렇다)까지 점수를 매겨보자.

	1	2	3	4	5	6	7
실행 가능하든 아니든 늘 모든 가능성을 따져본다.							
현재의 직업에 만족하지만, 다른 길을 찾을 가능성도 열어놓는다.							
TV를 볼 때 연신 다른 채널을 기웃거린다.							
인터넷 서핑을 할 때 이 사이트에서 저 사이트로 계속 옮겨다닌다.							
연인 관계가 오래가지 않는다. 적절한 사람이 아직 나타나지 않았다는 생각이 들어서다.							
결정하기까지 시간이 오래 걸린다.							
무슨 영화를 볼지 고르기가 어렵다. 푯값이 아깝지 않아야 하기 때문이다.							
옷을 사는 데 시간이 많이 걸린다. 마음에 드는 옷을 좀처럼 찾기가 힘들다.							
베스트셀러 순위 같은 목록을 좋아한다.							
생일 축하 카드를 쓸 때면 문장을 여러 번 고친다.							
무엇을 하건 늘 기준을 최고에 맞추려 한다.							

과거의 일들이 다르게 진행되었더라면 내 삶이 얼마나 달라졌을까를 곧잘 상상한다.							
총점							

각각의 항목을 체크해 점수를 합산하여 13으로 나누어보라.

- 결과가 4.75 이상이라면 당신은 최선 지향자다.
- 결과가 3.25 이하라면 당신은 만족 지향자다.
- 결과가 3.25에서 4.75 사이라면 혼합형이다.

어느 유형에 속하건, 왜 결정이 많은 사람을 좌절에 빠트리는지 더 잘 이해할 수 있을 것이다.
슈워츠는 두 결정 유형을 더 자세히 연구했다. 한 번은 진로 결정을 앞둔 열한 개 대학 500명의 졸업 예정자 학생들을 대상으로 설문조사를 실시했다. 그들 중 최선 지향 유형의 학생들은 입사지원서를 무수히 많이 넣은 상태였는데, 그중 몇몇 학생들은 무려 천 곳 이상 지원하기도 했다. 만족 지향 유형에 속하는 학생들은 입사 원서를 확연히 적게 넣었고, 한 곳만 지원한 학생들도 많았다.
몇 달 뒤, 슈워츠는 현재 학생들이 어떻게 지내는지를 조사했다. 그랬더니 최선 지향자들은 만족 지향자들보다 최대 20퍼센트까지 높은 연봉을 받고 있었다.

하지만 놀라운 사실이 드러났다. 최선 지향자의 경우 객관적으로는 더 나은 곳에 취직했고 평균 연봉도 더 높았다. 그럼에도 불구하고 그들은 만족 지향자들보다 만족도가 낮았다. 게다가 구직 과정에서 너무 스트레스를 받았고, 힘들고 지쳤다고 대답했다.

두 유형 중 어떤 유형에 속할지를 좌우하는 건 무엇보다 성격이다. 두 유형 모두 장단점이 있다. 하지만 직업이나 배우자 선택 같은 중대한 결정을 앞두고는 자신의 유형을 잘 파악해 잠시 반대 유형처럼 행동하는 것도 나쁘지 않다.

최선 지향자라면 반대로 이런 질문을 던져볼 수 있다. '이런 노력이 정말로 가치 있는 걸까, 공연히 스트레스만 가중되고 지치는 건 아닐까?' 만족 지향자라면 이렇게 질문해보는 것도 좋다. '내가 너무 성급하게 선택하는 건 아닐까? 조금 더 알아보는 게 나을까?'

6장

생각은
구글링과
같다,
더 황당할 뿐

객관적인 결정이란 없다

무엇을 원하는지 알더라도 자유롭게 결정을 내리기는 힘들다. 많은 사람들은 수많은 선택지로 가득한 항아리에서 가장 적절하고 가장 마음에 드는 것을 고르는 게 결정이라고 생각한다. 하지만 그건 완전히 틀렸다. 부지불식중에 우리가 일부 선택지를 아예 배제해버리기 때문이다. 즉 우리는 가능한 수보다 더 적은 대안 중에서 선택한다. 그러다보면 최상의 대안을 놓칠 수도 있다.

우리의 세계는 굉장히 복잡하고, 갈수록 더 복잡해져간다. 따라서 세상과 인생과 사랑과 커리어, 정치, 경제에 대한 가설을 줄여나가는 수밖에 없다. 그러면서 구조가 생기고, 어지러운 정보와 가능성 사이에서 방향을 잡을 수 있다.

하지만 이로 인해 선입견과 고정관념, 진부한 생각들이 자리잡기도 한다. 금발 여성은 멍청하다, 키 큰 남자는 싱겁다, 어느 지역 사람들은 인색하다, 사교적이다, 속이 좁다…… 이렇게 분류하다보면 우리의 지각이 흐려진다. 서랍을 열고, 사람을 넣고, 서랍을 닫는다, 끝.

많은 사람이 "말도 안 돼, 난 달라요!"라고 이야기한다. 하지만 모든 사람이 선입견을 갖고 있다. 가령 축구선수나 정치인에 대한 이미지는 아주 단단해서, 특별히 의식하는 것조차 어렵다. 문제는 이런 상투적 이미지가 현실과는 무관한 경우가 많다는 점이다. 뇌과학자들은 이를 성급한 일반화hasty generalization라고 부른다. 우리 두뇌는 이런 정신적 축약에 아주 능하다.

두뇌는 계속해서 사람이나 상황을 분류하고자 한다. 가능하면 신속하게 행동 지침을 이끌어내기 위해서다. 일단은 유용하다. 우리는 세계를 카테고리로 분류한다. 좋은 것 혹은 나쁜 것, 검은 것 혹은 흰 것, 아름다운 것 혹은 추한 것 등등으로 말이다.

예를 들어보자. 리자는 파티에서 놀다가 밤늦게 집에 가려고 한다. 남자 동료들 중 한 명이 데려다주겠다고 하지만 거절한다. "10분만 걸어가면 되는데 뭐." 하지만 길모퉁이를 돌자마자 그 말을 후회한다. 거리에 인적이 전혀 없고, 흐릿한 가로등 불빛만 보도를 비춘다. 등줄기가 서늘해진다. 그러다 갑자기 뒤에서 발소리가 들리자, 겁이 난 리자는 자연스레 걸음을 재촉한다.

이런 반응에서 중요한 것은 실제적인 위험이 아니다. 뒤에서 오는 사람은 나쁜 의도라고는 없는, 그냥 같은 방면으로 가는 이웃일 수도 있다. 하지만 그 순간 리자는 세계를 있는 그대로 지각하지 않는다. 리자의 두뇌는 그 상황을 범죄소설이나 뉴스에서 보고 저장해놓은 이미지 혹은 정보와 연결한다.

출생지, 피부색, 옷차림, 직업—이 모든 특성들은 피상적이긴 하지만 편견의 길잡이로 작용한다. 깊게 숙고하는 대신 그냥 신속하고 대략적인 판단을 내려 안정감을 획득하는 것이다. 워싱턴포스트가 실시한 다음 실험은 평소 우리가 얼마나 색안경을 끼고 살아가는지를 보여준다.

출근 인파로 붐비는 평범한 금요일 아침이었다. 아침 여덟시가 다 되어가는 시각, 눈에 띄지 않는 차림을 한 남성이 지하철에서 내렸다. 빛바랜 청바지에 평범한 티셔츠를 입고 야구모자를 쓰고 있었다. 그는 지하철 입구와 쓰레기통 사이에 자리를 잡고는 낡은 케이스에서 바이올린을 꺼내 연주를 시작했다. 43분간 그는 클래식 여섯 곡을 연주했는데, 이날 아침 랑팡 플라자 역을 지나간 1097명 중 멈춰 서서 그의 연주를 들은 사람은 거의 없었다.

행인들은 알지 못했다. 그 남자가 그저 그런 길거리 바이올리니스트가 아니라, 세계적인 바이올리니스트 조슈아 벨이었다는 걸. 그리고 그의 손에 들린 바이올린은 무려 350만 달러짜리 스트라디바리우스라는 걸. 무료 음악회에 우레와 같은 박수를 보내기는커녕, 모두 이 유명한 바이올리니스트를 스쳐지나갔다. 존 F. 케네디 센터에서 공연이 열리면 비싼 돈을 주고 입장권을 사면서 말이다. 어쨌든, 이 실험을 기획한 워싱턴포스트는 이 보도로 퓰리처상을 수상했다.

실험 이후 10년이 지난 지금도 당시 상황을 생각하면 빙그레 웃음이 지어진다. 나 역시 조슈아 벨을 그냥 지나가버리지 않았을까 싶다. 워싱턴 시민들은 이날 아침 세계적인 바이올리니스트가 아니라 그냥 거리의 음악가를 본 것이었다. 벨은 커다란 콘서트홀 무대에 서 있지 않았고, 세련된 연미복을 입고 있지도 않았다. 연주는 훌륭했어도 지나가는 사람들은 외모만 보고 그를 대수롭지 않은 연주자로 여겼다. 그들에게 수수한 옷차림은 곧 수수한 연주를 뜻했다.

2013년 10월 뉴욕에서도 이와 비슷한 실험이 있었다. 그래피티 아티스트이자 거리의 예술가 뱅크시가 뉴욕 센트럴파크 근처 길가 매대에 자신의 작품들을 한 개당 60달러에 내놓았다. 정말이지 말도 안 되는 가격이었다. 뱅크시가 직접 서명한 작품들이 경매에서 이미 일곱 자리 가격대로 팔리는데 말이다.

하지만 머리가 희끗희끗한 어느 신사가 판매자로 나선 이 보잘것 없는 매대는 사람들에게 주목받지 못했다. BBC는 이 실험을 비디오 카메라로 찍었는데, 가령 어떤 여성은 아이들에게 준다고 그림 두 점을 사면서, 가격을 절반으로 깎기까지 했다. 그날 하루 매출은 420달러였다.

예술계는 충격을 받았다. 뱅크시 실험은 예술 작품의 가치를 제대로 평가하지 못하면서 가격만 고공행진중인 시장의 모순을 드러냈다. 뉴욕의 많은 시민들은 커다란 행운을 잡을 기회를 놓쳤다며 아쉬워했다.

이 상황을 가리켜 확증편향confirmation bias이라고 부른다. 이는 어떤 정보들을 대할 때 우리가 이미 가진 이론이나 의견을 뒷받침하는 부분만 편향적으로 수용하는 경향을 말한다. 우리는 듣고 싶은 것을 듣고, 보고 싶은 것을 본다. 현실은 다를지 모르는데도 말이다. 우리의 세계관에 맞지 않는 모든 것은 걸러진다. 소설 『멋진 신세계』의 작가 올더스 헉슬리는 이를 두고 "사실이 존재하는 데 그치는 것은 그것이 단지 무시되기 때문이다"라고 말한 바 있다.

우리가 조심해야 할 지각의 오류들

확증편향을 피하는 뾰족한 수는 없다. 우리가 빈번히 범하는 오류를 세세히 들여다보는 수밖에는.

재미있는 예를 들어보자. 자, 당신이 미슐랭 스타 레스토랑에 간다고 해보자. 보통 그런 고급 식당은 양과 가격이 반비례한다. 즉, 접시를 받으면 음식보다 접시의 비중이 더 크다. 계산서에는 지난달 월급 명세서보다 더 많은 액수가 찍힌다. 어쨌든 엄청나게 고급스럽고 맛있으니까.

어느 날 그런 레스토랑을 다시 찾는다. 슬쩍 주방 쪽을 곁눈질했는데 우연히 열려 있는 문으로 주방을 들여다보게 됐다. 저만치 요리사가 보인다. 이게 웬일인가. 그의 앞치마는 새하얀 게 아니라 꾀죄죄하다 못해 여기저기 소스가 튀어, 앤디 워홀이 좋아할 만한 얼룩들이 가득하다. 자, 당신은 이 스타 레스토랑의 요리를 먹고 싶은가?

좋다, 이건 하나 마나 한 질문이었다. 가장 유명한 지각의 오류인 후광 효과, 일명 헤일로 효과halo effect에 걸려드는 데는 이런 짧은 순간으로 충분하다. 후광 효과는 아주 우세한 하나의 특성이 다른 모든 특성을 상쇄해 다른 모든 세부 특성을 평가하는 데 영향을 미치는 효과다.

이 경우 때묻은 앞치마가 그런 지배적 특성으로 작용해 우리는 곧장 이에 근거하여 요리 솜씨와 위생상태, 맛을 평가하게(추론하게) 된다. 스타 요리사 하면 반사적으로, 새하얗고 깨끗한 앞치마를 두른 모습을 기대한다. 아마추어 요리사들은 아주 힘들이며 여기저기 흔적을 남겨야 그런 세련된 요리를 만들어내지만 스타 요리사는 경쾌하고 우아하게 뚝딱 요리를 만들 것만 같다.

물론 이런 가상의 상황에서 보조 요리사가 실수로 스타 요리사의 앞치마를 더럽힌 것인지, 새 앞치마로 갈아입으려던 참이었는지 알지 못한다. 기발한 신메뉴의 개발이 난항이었는지도 모른다. 한마디로, 주방을 한 번 들여다보고 앞치마 한 번 봤다고 해서 그 무엇도 확신할 수 없다. 하지만 그런 인상은 오래간다.

일인분으로 나온 음식이나 메뉴판을 볼 때도 똑같다. 양이 아주 조금인데 무지막지하게 비싸면 '고급 음식이 틀림없어'라고 생각한다. 하지만 이는 스타 레스토랑인 양 하려는 미끼에 불과할 수도 있다. 안경도 비슷한 효과를 가져온다. 그럴 근거가 없는데도 안경 쓴 사람은 왠지 지적으로 보인다. 그저 눈이 나빠서이지, 안경을 쓴 것만으로는 정말 책을 많이 읽는 사람인지, 교양 있는 사람인지는 알 수 없는데도 말이다.

일상 곳곳에서 이렇듯 잘못된 추론이 이루어지고, 그로 인해 만만찮은 비용을 지불한다. 제3세계에서 저렴하게 생산된 액세서리나 의류가 패션업계에서 고가에 팔리는 것도 다 그래서다. 예쁜 연예인이나, 텔레비전에 출연한 유명인과 동일한 제품을 착용하면 우리도 그들과 비슷한 분위기를 풍길 거라고 믿고서는 기꺼이 비싼 값을 치르는 것이다.

네덜란드 위트레흐트 대학의 행크 아츠와 그의 동료 루트 커스터

스는 시각적인 자극이 우리의 기분과 행동 그리고 우리의 결정에 얼마나 많은 영향력을 행사하는지를 연구했다.

자, 아침에 사무실에 출근했다고 하자. 모든 것이 여느 때와 변함없다. 한데 예외적인 상황이 하나 눈에 띈다. 책상 위에 작은 가죽지갑이 놓여 있다. 의식하지 않고 평소처럼 일을 하게 될까? 아니다! 가죽 지갑에 신경쓴다는 사실을 의식하지 못할지 모르지만, 머릿속에서는 수많은 감정과 생각과 연상들이 앞다투어 일어나고, 뒤늦게서야 이를 의식한다.

실험에서 참가자들은 다른 날보다 더 경쟁적으로 업무에 집중하는 모습을 보였다. 가죽지갑이라는 시각적 자극이 무의식적으로 금전에 대해 생각하게 만들어 업무 경쟁을 부추기는 역할을 한 것이다.

돈 문제에서만 이런 효과가 작용할 거라고 믿는다면 오산이다. 후각을 겨냥한 또다른 실험에서도 결과는 비슷했다. 약한 세제 냄새를 공기 중에 풍기자 그 냄새 때문인지 참가자들은 청소와 정리를 했다. 이런 행동의 변화로 인해 무슨 큰일이 일어나랴 싶지만 겉보기에 시시한 디테일로 우리 결정이 좌우될 수 있다.

이런 무의식적인 메커니즘을 아는 사람만이 결정과 행동을 더 잘 통제하고, 그로 인해 혹시 있을 악의적 조작에 희생당하지 않는다. 연구자들은 이런 영향이 얼마나 광범위하게 작용하는지를 매력적인 연구들을 통해 보여주었다. 세 가지 예만 들어보겠다.

• 세일즈맨이 딱딱한 의자에 앉아 가격 협상을 하면 상대적으로

할인폭이 낮다.

- 갈증에 관한 개념들을 대하면 (가령 '물' '음료' 또는 '목을 축이다') 자연스럽게 음료를 더 많이 마신다. 식당이나 주점, 카페 등지에서는 이런 식으로 음료를 더 많이 주문하도록 손님들을 부추길 수 있다.
- 배경으로 보이는 칠판에 좋아하는 사람들의 이름이 적혀 있을 때 피실험자들은 더 건설적인 피드백을 한다.

지각의 오류를 이 책에 모두 열거하기란 불가능하다. 그러니 우리를 정말 골탕 먹이는 몇몇 오류만 짚고 넘어가겠다.

• 투사편향

우리는 자신의 생각을 다른 사람에게 투사한다. 그러고는 상대가 무슨 생각을 하는지 정확히 안다고 생각한다. 우리와 똑같이 생각할 거라고 말이다. 상당히 오만한 태도일 뿐 아니라, 결단을 내리는 데도 위험하다. 다른 사람들도 같은 의견일 거라고, 혹은 자신과 똑같은 결론에 이를 거라고 선불리 생각하면 잘못된 가정과 잘못된 판단으로 이어질 뿐이다.

• 근거 효과, 논거 효과, 논증 효과

당신은 슈퍼마켓 계산대에 서 있다. 그런데 뒤에서 한 손님이 오더니 이렇게 묻는다. "죄송한데요, 제가 계산할 게 두 개뿐인데 먼저 해도 될까요?" 당신이라면 어떻게 반응할까? 얼마나 오래 계산대에 서 있었는지, 또는 질문한 사람이 얼마나 호감을 주는지에 따라 달라질 것이다. 실험 결과 절반 이상이 순서를 양보해줬다.

하지만 질문을 바꾸면 어떻게 될까? "죄송한데요, 제가 계산할 게 두 개뿐이거든요. 급한 일이 있어서 그러는데 먼저 해도 될까요?" 질문의 첫머리는 변하지 않았다. 다만 앞사람이 믿든 말든 이제 이유가 추가되었다. 심리학자 엘런 랭거와 로버트 치알디니의 실험 결과 — 당신이 믿든 말든—이유를 대자 94퍼센트의 사람들이 기꺼이 뒷 사람에게 순서를 양보해주었다.

그러나 정말로 당황스런 것은 세번째 경우다. "죄송한데요, 제가 계산할 게 두 개뿐이거든요. 빨리 되니까 먼저 해도 될까요?" 이 말은 동어 반복에 불과하다. 조금이라도 합리적인 판단을 하는 사람이라면 이런 말에 짜증이 날 수도 있다. 하지만 무려 93퍼센트의 사람들이 이런 빤한 부탁을 들어주었다. 우리는 이유를 대면 저항하지 못한다. 그 이유가 얼마나 타당하든 간에.

• 프레이밍 효과

숫자의 힘은 정말 무섭다. 우리 두뇌는 숫자를 거의 해면처럼 빨아들이는데, 이때 숫자를 어떻게 대하느냐에 따라 현실을 받아들이는 우리의 인식이 달라진다. 가령 의사가 당신에게, 새로 개발된 치료법 덕분에 최대 50퍼센트의 회복 가능성이 있다고 말했다. 긍정적으로 들리지 않는가? 왠지 나을 것 같아 안심이 된다. 하지만 의사가 새로운 치료법이 개발되었지만, 그래봤자 절반은 가망 없다고 말한다면 어떨까? 이것이 바로 프레이밍 효과다. 사실 자체는 동일하지만 제시되는 프레임이 달라져서, 우리 지각에 큰 영향을 끼치는 것이다.

• 초깃값 효과

민주주의 제도하에서 살아가는 우리는 의사 결정에 참여할 수 있다. 다음 선거뿐 아니라 곳곳에서 집단 의사결정권을 얻을 수 있고, 결정의 자유를 누릴 수 있다. 하지만 우리는 이것을 활용하고 있는가? 그렇지 않다. 애석한 현실이다. 우리는 이미 입증된 요소로 돌아가려는 관성이 있다. 기회가 주어져도 이 기회를 이용하길 어려워한다.

초깃값 효과는 말 그대로 최초로 얻은 조건이나 상태를 그대로 수용하는 경향이다. 휴대전화나 컴퓨터를 처음 샀을 때의 기본 설정을 그대로 사용하는 사람들이 많은데, 이 또한 초깃값 효과의 일종이다. 익숙하고 편안한 환경을 버리고 차가운 물속으로 뛰어들기 싫기 때문이다.

이런 초깃값 효과는 아주 강력해서 안 좋은 상황에서도 현상태를 유지하려 하거나, 변화를 꾀하지 않으려는 경우가 많다. 지금 있는 지역에 적합한 일자리가 없는데도, 다른 지역의 일자리를 알아보지 않는 사람도 많다. 새로운 일자리에 환경마저 바뀌는 건 변수가 많아 불안하기 때문이다. 따라서 선택지가 여럿 존재하는데도 스스로 선택지를 줄여버린다.

• **권위편향**

'권력에 대한 맹목적 신뢰', 좀더 극단적으로는 '맹종'과 비슷한 현상이 바로 권위편향이다. 작가 롤프 도벨리는 권위편향의 본질을 이렇게 묘사한다. "권위를 가진 사람이 있는 자리에서 우리는 독립적인 사고 수준을 한 단계 낮춘다. 전문가의 의견을 다른 사람들의 의견보다 더 성급히 믿으며, 이성적으로나 도덕적으로나 전혀 무관한 상황일 때조차 전문가들의 말을 더 잘 듣는다."

그렇다고 권위에 반기를 들라는 뜻은 아니다. 사장이나 상사가 일반 사원보다 더 잘 아는 경우가 많다. 하지만 건강한 의심은 나쁘지 않다. 네덜란드 KLM항공의 비행기 사고를 기억하는가? 부기장 메우스는 아직 이륙 허가가 떨어지지 않았음을 알았으나, 상사인 기장 반 잔턴의 지시에 무조건 따랐고, 그 결과 항공 역사상 최악의 참사가 일어나고 말았다.

• **부메랑 효과**

중요한 결정을 내려야 할 경우 결정으로 이끌 정보들이 필요하다. 보통은 말이다. 하지만 "듣거나 읽는 것의 반만 믿어라"라는 말을 들어본 적 있는가? 문제를 일으키는 건 바로 이 절반인 경우가 많다. 우리가 믿어버린 절반의 진실이 역효과를 낼 수도 있다. 이와 같이 자신의 어떤 행동이 의도를 벗어나 오히려 불리한 결과를 초래하는 일을 부메랑 효과라고 한다.

• **반복 효과**

끊임없이 같은 이야기를 되풀이하는 사람들이 있다. 정말 질릴 정도다. 정치인들은 특히나 이런 일에 능하다. 세일즈맨들도 그렇다. 다 이유가 있다. 뭔가를 충분히 자주 들으면, 어느 순간 그 이야기가 맞다고 생각하게 되는 반복 효과 때문이다.

광고업계도 이런 효과를 이용해 매일 저녁 텔레비전으로 끈질기게 똑같은 광고를 내보내고, 잡지나 옥외 광고탑에도 같은 광고지로 도배한다. 광고 카피는 정말로 허접할지 모른다. 하지만 어느 순간 그걸 믿어버린다.

반복 횟수가 늘어나면, 우리 두뇌는 누가 그 말을 했는지를 알아채지 못한다. 한 사람이든 많은 사람이든 더이상 중요하지 않다. 여러 번 들은 말은 무조건 맞다. 이 얼마나 기막힌 오류인가!

안전모를 쓴 사람이 더 위험하게 행동한다

영국 배스 대학의 심리학자 팀 갬블과 이언 워커의 연구에 따르면, 안전모를 쓰면 리스크를 감수하고자 하는 경향이 더 높아져 오히려 위험한 판단을 내리게 된다.
연구팀은 안구 운동을 측정하고 추적한다는 구실로 실험 참가자들을 두 그룹으로 나눈 뒤 한 그룹은 안전모를 씌우고, 한 그룹은 그냥 야구모자를 쓰게 했다. 이어 두 그룹에게 과제를 제시했는데, 안전모 착용과 과제 사이에 아무런 연관이 없었음에도 안전모를 쓴 그룹이 위험한 과제에 좀더 적극적인 태도를 보였다.
물론 평소에 일할 때 안전모를 쓰고 컴퓨터 앞에 앉지는 않는다. 이 실험에서 주목해야 할 부분은 안전모를 쓰면 무의식적으로 안전하다고 느낀다는 것이다.
비슷한 현상을 다룬 또다른 연구들도 마찬가지였다. 가령 운동선수들도 안전복을 입으면 더 공격적으로 시합에 임했고, 안전벨트를 맨 운전자들도 조심성이 덜했다.

7장

우유를 사러 갔다가 자전거를 사 오다니

왜 우리는 당장 필요하지도 않은 구두와 귀걸이를 사는 걸까?

두 상품 중 하나만 사야 한다면 누구나 딜레마에 빠질 것이다(선택지가 세 개일 때는 트릴레마trilemma, 그 이상일 때는 폴리레마polylemma라고 한다). 정말이지 진퇴양난이다.

물론 두 가지 긍정적인 가능성 가운데 고르는 경우라면 아주 좋다. 둘 다 원하지만 둘 다 가질 수는 없는 상황. 그러나 두 선택지 모두 원치 않는 결과를 초래한다면 정말이지 최악이다. 페스트나 콜레라냐, 혹은 그보다 조금 덜한 것들 중에서 고를 수밖에 없다.

이런 상황에서 종종 언급되는 게 바로 죄수의 딜레마다. 죄수의 딜레마는 게임이론에서 나온 것으로, 공범으로 기소된 두 용의자의 상황을 제시한다. 이 두 용의자는 각각 다른 공간에서 심문을 받고 있어 서로 전혀 만날 수 없는 상황이다. 선택지는 세 개다.

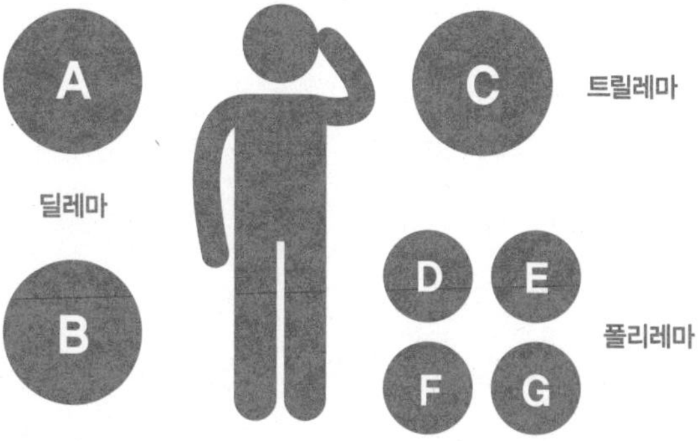

- 둘 다 범죄를 부인하면, 둘 다 가벼운 형벌만 받는다. 그들의 범행이 입증될 수 없기 때문이다.
- 둘 다 자백하면, 둘 다 높은 형을 받되 최고형이 구형되지는 않는다.
- 한 사람만 자백하고 다른 한 사람은 입을 다물면, 자백한 사람은 공범자에 대한 증언을 한 보상으로 형을 살지 않고 방면되지만, 침묵한 사람은 최고형을 구형받는다.

당신이라면 어떻게 하겠는가? 자백하겠는가, 하지 않겠는가? 이 딜레마에서 난감한 부분은 둘 다 자백하지 않으면 기껏해야 몇 달간 함께 형을 살게 되지만, 한 사람만 자백을 하면 자백하지 않은 사람은 아주 무거운 형벌을 받게 된다는 것이다. 그런데 사전에 조율할 수 없기 때문에 상대가 죄를 고백할지, 입을 다물지 알지 못하니 얼마나 답답한 노릇인가.

바로 이런 이유에서 대부분의 용의자들은 자백을 하고, 경찰은 이런 딜레마를 이용한다. 이 배후의 질문—파트너와 협력할 것인가, 아니면 나의 유익을 극대화할 것인가—은 범죄 상황만이 아니라, 일상에서도 중요한 문제다.

물론 일상에서는 죄수의 딜레마처럼 단순한 딜레마 상황에 빠질 일이 별로 없다. 보통 우리는 더 많은 선택지를 가지며, 이런 상황은 우리의 소비 결정에 중대한 영향을 끼친다. 가령 옷을 구입할 때 패션업계가 제공하는 선택지는 정말이지 수백만 갈래는 되는 듯하다.

TV 드라마 주인공 중에서 〈섹스 앤드 더 시티〉의 캐리 브래드쇼 만큼 구두에 대한 애정이 큰 사람은 거의 없을 것이다. 이 시트콤에서 캐리는 절친한 친구 미란다에게 뉴욕의 아파트를 구입하기 위해 대출을 받으려 한다는 이야기를 하며, 대체 자신의 돈이 어디로 사라져버린 것인지 모르겠다며 의아해한다. 그러자 미란다는 캐리가 든 크림색 새 구두를 가리킨다. "한 켤레에 460달러. 네 돈이 다 어디로 가버렸는지 말해줄까. 너 이런 거 몇 켤레 가지고 있어? 50켤레?"

캐리는 슈어홀릭shoeaholic으로 유명하다. 매 화 그녀는 유명 디자이너들의 콜렉션을 누빈다. 지미 추, 프라다, 크리스찬 루부탱…… 무엇보다 그녀의 가슴에 폭풍을 일으킨 구두는 바로 스페인 브랜드 마놀로 블라닉이다. "휴, 내 돈은 바로 여기로 다 가버렸구나…… 나의 신발장 속으로."

우리 또한 캐리의 문제에 봉착한다. 무엇에 돈을 쓸 것인가? 어느 상품에 얼마를 지불할 것인가? 즉, 상품의 가치를 무엇으로 가늠할 것인가, 그에 근거하여 어떻게 구매결정을 내릴 것인가?

물론, 대부분 거래명세서를 보면 자신의 결정에 의심을 품는다. 하지만 그럼에도 한 걸음 뒤로 물러나, 누가, 왜, 어떤 상품에 돈을 쓸 마음이 생기는지 한번 살펴보자. 우선 살바도르 제임스 아셀의 이야기를 해보자.

아셀은 세계에서 가장 유명한 진주거래상이다. 그가 진주 사업을 시작한 건 순전히 우연이었다. 2차대전 때 그는 미국인들, 특히 태평

양에 근무하는 군인들에게 방수 시계를 팔았다. 장사는 한동안 아주 잘되었다. 하지만 전쟁이 끝나자 방수 시계 수요는 급감했고, 아셀은 재고를 어떻게 처리해야 할지 난감해졌다.

다행히 그는 곧 수요를 발견했다. 바로 패전국 일본이었다. 그런데 일본 고객들은 시곗값을 돈 대신 진주로 지불하는 경우가 많았다. 20세기 초 이미 일본인들은 진주 양식에 성공하여, 인공으로 진주를 생산하고 있었다. 하지만 약간의 문제가 있었다. 이들이 양식하는 진주는 바로 흑진주였다. 폴리네시아 환초에서 진주조개가 만들어내는 흑진주는 당시 타히티 원주민 여성들이 춤출 때 착용하는 귀걸이나 목걸이로만 활용되고 있었다.

이 진주의 독특한 아름다움에 매료된 아셀은 이를 미국에 들여와 팔기로 했다. 하지만 시장 개척은 쉽지 않았다. 눈처럼 하얀 백진주에만 익숙했던 미국인들은 흑진주를 탐탁지 않아했다. 아셀은 미국 보석상들에 타히티 진주를 홍보했지만, 미국 여자들은 흑진주를 좋아하지 않는다는 대답만 돌아왔다.

그래서 포기했을까? 아셀은 더 좋은 아이디어를 생각해냈다. 그는 패션잡지의 전면광고 지면에 실리는 다이아몬드와 다른 값비싼 보석 사진에 자연스럽게 흑진주를 나란히 등장시켰다. 그리고 친한 유명 보석상에게 부탁하여, 타히티의 진주를 어마어마하게 높은 가격을 매겨 가게 쇼윈도에 진열하도록 했다.

전략은 먹혀들었다. 아무도 원하지 않던 진주는 갑자기 이국적인 값진 보석이 되었고, 세련된 부인들이 흑진주로 만든 귀걸이와 목걸

이를 사겠다고 너도나도 줄을 섰다. 티파니와 카르티에 같은 명품 보석 브랜드들도 이 시장에 뛰어들어 타히티 진주를 이용한 상품을 출시하였다. 아셀은 떼돈을 벌었다.

아셀은 고객들의 심리를 능숙하게 조종하여, 고객들이 그때까지 전혀 들어보지 못한 품목에 대한 구매욕이 생기게끔 했다. 아셀은 자신의 타깃인 부유하고 명망 있는 여성들이 희귀하고 값진 보석을 좋아하며, 이를 위해서라면 아주 비싼 가격도 지불할 용의가 있다는 걸 꿰뚫어보았다. 그래서 여성들이 타히티 진주가 정말로 그런 진귀한 보석이라고 믿게 하였다. 아셀이 노력을 기울이기 전에는 전혀 값어치가 없었음에도 말이었다.

어떻게 이런 일이 가능했을까? 그는 인간에게 내재된 두 가지 욕망을 활용했다. 바로 비교하는 마음과 돋보이고 싶어하는 마음이다.

처음부터 그는 자신의 진주를 높은 가격대에 포지셔닝해 이 미지의 액세서리를 값비싼 다이아몬드와 비교하게 했다. 다이아몬드는 이미 많은 사람들이 가지고 있지만, 타히티 진주는 아직 아니었다. 그러므로 타히티 진주로 만든 액세서리를 착용하면 트렌디하게 느껴질 뿐 아니라, 뭔가 특별하고 유니크해 보였다.

50년 뒤의 마놀로 블라닉, 애플, 포르셰, 롤렉스 같은 브랜드도 마찬가지다. 물론 그들은 양질의 재료와 새로운 기술을 사용한다. 하지만 우리가 그런 제품을 높게 평가하는 것은 차별화 때문이다. 우리는 이런 제품이 독보적이라는 평가를 누누이 들어왔기에 이를 신뢰하여, 주택 구입을 위한 저축 같은 이성적인 결정을 뒷전으로 돌린다.

상인들과 마케팅 전문가들은 이성적인 구매결정과 충동적인 구매결정 사이의 딜레마를 익히 알고 있다. 또한 어떤 나사를 돌려야, 그들에게 더 돈벌이가 되는 방향으로 우리를 몰아갈 수 있을지도 알고 있다. 그중 대표적인 것은 가격이다.

비싸더라도 사게 되는 이유는?

일상에서 우리는 다양한 값의 상품에 둘러싸여 있다. 작은 빵 한 덩이는 28센트, 우유는 1리터에 75센트, 책 한 권은 10유로, 3D 영화 티켓 한 장은 13유로……

어떤 물건에 관심을 두면 가격을 더욱 민감하게 의식한다. 가령 노트북이 고장나서 하나 마련해야 하는 경우 의식적으로 가격표를 살핀다. 노트북은 자주 구입하는 품목이 아니기에, 아주 자연스럽게 '요즘은 노트북 한 대 사려면 얼마 정도 들지?' 하고 궁금해한다. 대부분의 고객에게 가격은 가장 중요한 구매결정 요인이자 기준이다.

어느 정도 비용을 지불할 용의가 있는지는 물론 각자 상당히 다르다. 어떤 사람은 1500유로를 주고 맥북을 구입하는 반면 어떤 사람은 500유로짜리 에이수스나 델 제품을 구입한다. 왜 어떤 사람은 노트북 한 대에 다른 제품보다 세 배의 값을 더 지불하는 걸까? 단지 금전적으로 더 여유 있기 때문일까?

부분적으로는 그렇다. 물론 현재의 잔고가 소비에 영향을 미친다.

그러나 이는 우리가 어떤 가격을 감수할지, 하지 않을지에만 영향을 준다. 그보다 더 많은 영향력 있는 것은 우리가 가진 인식, 즉 어느 물건이 대략 얼마 선이라는 감이다.

당신은 노트북에 완전히 무지하지는 않다. 이미 구입해본 경험이 있고, 친구, 동료, 지인들도 하나씩 갖고 있으니 말이다. 이 모든 경험이 모여 가격에 대한 감이 생긴다. 요즘에는 얼마쯤 하는지는 모르더라도 이미 감을 가지고 있다. 그리고 이 감은 생각보다 많은 영향을 미친다.

가령 당신이 첫 노트북을 사는 데 500유로를 지출했고, 그 제품을 꽤 만족스럽게 사용했다면, 다음번 노트북을 살 때도 이 가격대를 기준으로 비교하게 된다. 그러면 300유로짜리 모델은 아주 저렴하게 느껴지고, 1500유로짜리 모델은 과하게 비싸다 싶다. 처음 샀던 노트북 가격이 각인되었기 때문이다.

경제학에서는 이를 '닻 내림 효과'라고 말하는데, 이 닻을 기준으로 삼아 거기서 가까운 선택을 하려는 행동을 가리킨다. 상황이 변했음에도 마찬가지다. 이로 인해 때때로 이성적이지 않은 행동을 하기도 한다. 주택시장에 관한 한 연구를 보자.

경제학자 유리 사이먼슨과 조지 로웬스타인은 주택시장 상황이 전혀 다른 도시로 이사할 때 사람들이 어떻게 행동하는지를 연구했다. 대개 익숙한 임대료를 고수하려는 경향을 보였다. 월세가 비싼 도시로 이사 온 사람은 집에 더 많은 돈을 지출할 마음이 없어 비좁고 불편한 집에 사는 것을 감수했다. 이런 닻은 반대 경우도 마찬가지였다. 집세가 비싼 지역에서 더 저렴한 지역으로 이사한 경우, 사람들은 월세를 줄이려 하지 않고, 예전과 월세는 비슷한 더 커다란 집에서 살았다.

이렇게 강한 효과를 미치기 때문에 첫 구매결정에 특히 신중해야 한다. 어떤 상품을 구입하기에 앞서 닻 내림 효과가 작용하고 있지는 않은지 자문하는 것도 좋다. 왜 나는 새로운 스마트폰에 그렇게 많은 돈을 지출하려는가? 왜 나는 스타벅스 커피를 마시는가? 그렇게 묻다보면 뜻밖의 비용을 절감할 수 있을지도 모른다.

구매결정의 네 가지 유형

1. 포괄적 구매결정

자동차, 텔레비전, 냉장고…… 이런 제품은 매일 사들이는 품목이 아닌 데다 고사양 제품이 많아 구매 시 만만치 않은 비용이 든다. 따라서 구매결정을 할 때도 꼼꼼히 따져보게 된다.

냉장고를 충동구매하는 사람은 거의 없을 것이다. 대부분 구매 전에 충분히 자료조사를 하고 가격을 비교하는 데 인지적 노력을 꽤나 들인다. 하지만 이런 노력은 헛되지 않다. 무엇보다 그 물건을 사려고 감정적으로 꽤나 들뜬 상태라면 더 신중히 검토해야 한다.

2. 제한적 구매결정

케빈 스페이시가 주인공으로 나오는 미국 드라마 〈하우스 오브 카드〉의 열렬한 팬이라고 가정하자. 새로운 시즌 VOD 구입을 망설이겠는가? 아닐 것이다. 포괄적 구매결정에 비해 이런 결정은 인지적 노력을 들일 필요가 없다. 애호하는 상품이 눈에 딱 들어오자마자, 긴 숙고 과정이 거의 생략된다. 사전 지식과 경험에 의존할 수 있으므로, 추가적인 정보도 필요 없다. 팬이니 사는 거다.

3. 습관적 구매결정

매일 아침 출근길에 길모퉁이 빵집에 들러 작은 샌드위치 하나와 커피 한잔을 산다. 커피는 늘 신선하고, 샌드위치는 맛있다. 다른 곳에서 커피를 사려는 생각은 들지 않는다. 인지적 노력이 거의 들지 않는 결정이다. 보통 가격 부담이 되지 않는 선에서 습관적으로 구입한다.

4. 충동적 구매결정

쇼윈도를 지나치는데 마네킹이 여름 원피스를 입고 있다. 하늘하늘하고 바람이 잘 통하는 천으로 만든 체크무늬 원피스다. 그 옷을 입고 맨발로 해변가를 걷는 모습이 상상되면서, 순간적으로 그 옷을 구입하지 않고는 못 배긴다. 그런 충동구매에는 선행하는 자극이 있다. 광고, 쇼윈도의 진열상품, 주변 여성들의 옷차림 등이다. 대부분 구매 전에 구체적인 계획 같은 것은 없다. 충동구매다.

할인이라는 달콤한 속임수

소비자를 더 많이 유혹할 수 있는 요소는 바로 가격할인이다. 최근 몇몇 친구들과 스페인 마요르카로 놀러갔다. 유흥가에서 멀찌감치 떨어진 곳에 조용한 호텔을 잡고는 나흘간 아름다운 해변과 포도농장, 그리고 가급적 알려지지 않은 맛집들을 찾았다. 관광을 겸한 미식 여행이었다. 마요르카의 시골은 너무나도 아름다웠다.

물론 시내 구경도 했다. 토요일 칼라 라트하다에 갔을 때 친구 라르스가 여름 반바지를 하나 사고 싶어했다. 이어 할인 행사를 하는 옷가게가 하나 보였다. 의류 세 점을 구입하면 두 점 가격만 받는 2+1 행사였다.

그러자 갑자기 우리 안의 사냥 본능이 깨어났다. 나 역시 '참, 나도 반바지 하나 필요한데' 하는 생각이 들었다. 게다가 세일이라니, 좋은 기회 아닌가! 그래서 나도 반바지를 하나 고르기 시작했고, 셔츠도 입어보았다. 무료로 주는 세번째 품목은 가장 괜찮은 옷을 고르는 사람이 가져가고, 나머지 두 점은 반반씩 내기로 했다.

물론 우리는 마음에 드는 옷을 찾았다. 하지만 여기서 끝나지 않는다. 공짜로 옷 한 벌을 얻을 수 있다는 사실에 즉흥적으로 마음이 바뀌어서, 원래 마음먹었던 것보다 옷을 더 많이 사고 말았다.

공짜라는 말은 신비한 매력을 행사한다. 기분을 즉각 고양시킨다. 그냥 가격에 불과한 것이 아니라, 마케팅에서는 정말 특별한 전략이다. 공짜보다 우리를 더 많이 유혹하는 요소는 없기 때문이다.

이와 관련하여 행동경제학 분야의 석학 댄 애리얼리 교수가 진행한 재미있는 실험이 있다. 애리얼리 교수는 대학 캠퍼스에서 두 종류의 초콜릿을 팔았다. 린트 초콜릿은 개당 15센트, 허시 키세스는 1센트씩에 팔았다. 키세스는 아주 대중적인 초콜릿이지만, 린트 초콜릿이 훨씬 맛있다. 키세스 초콜릿은 부드럽게 녹지 않고 거칠고 버석거린다. 73퍼센트의 대학생이 15센트짜리 린트 초콜릿을 선택했고, 27퍼센트만 1센트를 지불하고 키세스 초콜릿을 먹었다. 질적인 면에서 볼 때 굉장히 이성적인 선택이었다.

그런데 초콜릿 가격에 변화를 주자, 선택은 단번에 바뀌었다. 초콜릿 가격을 1센트씩 낮추어 린트 초콜릿은 14센트, 허시 키세스는 공짜가 되었다. 어차피 똑같이 1센트씩 가격을 인하했으니 학생들의 반응도 전과 비슷하지 않을까? 그러나 절대다수는 공짜 키세스를 선택했다. 공짜라는 사실이 학생들의 선택을 완전히 바꾸어놓았던 것이다.

그렇다. 엄밀히는 뭔가를 무료로 제공하는 상황에서 '구매'결정을 논할 수 없다. 간단하다. '무료'라는 말은 이성적인 숙고를 멈추는 힘을 갖는다. 그렇게 부지불식중에 불리한 결정을 내리기도 한다. 하나가 공짜인 경우 거기에만 초점을 두고 더 나쁜 쪽을 선택할 수도 있는 셈이다.

마케팅 전문가들은 공짜 전략을 의도적으로 활용하여 제품 구입을 유도한다. 이 전략을 재고 처분에 활용하기도 한다. 가령 구형 커피머신에 원두커피 몇 팩을 무료로 끼워주면 커피머신은 훨씬 더 유혹적으로 보인다. 구형 모델임에도 말이다.

무료 상품뿐 아니라 할인 상품도 이러한 효과를 노린다. 다만 할인 상품의 효과는 공짜 상품만큼 크지 않다. 할인 상품을 보면 그 물건을 구매하고 싶은 충동을 일단 누르고 다른 상품들을 검토하고 비교하는 것이 좋다. 시간을 가지고 정확히 따져보자. 그렇게 해야만 정말로 그 물건을 사는 것이 좋은지, 아니면 결국 금전적인 손해가 나는지를 분간할 수 있다.

에스키모에게 냉장고를 팔다

노련한 판매원은 좋은 포커게이머와 같다. 둘 다 사람을 볼 줄 알아야 한다. 뭔가를 파는 일은 상품보다는 그것을 구입하고자 하는 사람과 관계된 일이다.

고객의 입장에서 다음과 같은 질문에 답해보자. 구매결정을 할 때 누구의 조언에 귀기울일 것인가? 대개 가까운 사람들의 충고를 따른다. 배우자나 친구, 또는 가족의 판단을 존중하고, 헷갈리는 경우 그들의 말을 신뢰한다. 그들이 우리 편에서 중립적으로 선택해주리라 고 믿기 때문이다.

하지만 유능한 판매원 역시 신뢰할 수 있는 사람의 범주에 포함될 수 있다. 물론 양말 몇 켤레 사는 일에서는 굳이 판매원의 조언이 필요치 않다. 하지만 적당한 청바지나 좋은 점퍼의 구매는 이미 쉬운 결정이 아니다. 특히 흔한 지출이 아니고, 많은 돈이 드는 포괄적 구매결정의 경우 판매원의 영향이 특히나 강해진다. 가령 일 년에 한 번 가는 여행 같은 경우는 말이다.

통계에 따르면 독일인들은 일 년에 평균 12일간 휴가를 떠나고 인당 1071유로를 지출한다. 그리고 많은 여행객들이 비행기와 호텔을 예약하기 위해 인터넷 사이트를 활용하기보다는 여전히 여행사로 향한다. '일단은 좀 알아보자.' 이런 생각으로 여행사 사무실 문을 열고 들어간다. 그러면 여행사 직원이 상냥하게 맞이해주고, 상담테이블로 안내해주고, 커피도 한잔 내준다. 아직 본론인 여행상품이 아니라 우선 서로 안면을 트고, 공통점을 찾는 자리다. 이런 시간은 호감을 불러일으키고, 신뢰를 구축한다.

유능한 판매원의 그다음 목표는 고객의 개인적인 구매 자극 요소를 찾아내는 것이다. 즉 고객의 붉은 단추 누르기. 노련한 판매원은 고객을 다음 네 가지 색깔 유형으로 나눈다.

- **레드** 레드 유형의 고객은 역동적인 타입으로 도전적이고 과업지향적이다. 이 유형의 고객은 직설적이라 처음에는 공격적으로

까지 보일 수 있다. 자신의 시간을 최대한 활용하여 결과를 내고 싶어한다. 레드 유형의 고객은 에너지로 충만하며, 구매결정까지 시간을 질질 끌지 않는다.

- **옐로** 옐로 유형의 고객 역시 레드 유형과 마찬가지로 외향적인 유형이다. 레드 유형과 차이가 있다면, 옐로 유형은 그다지 과업 지향적이지 않다는 것. 재미와 기분전환이 중요하고, 칭찬받기와 인정받기를 좋아한다.
- **그린** 그린 유형의 고객은 관계 지향적인 사람이다. 주변 사람들을 배려하고, 다툼이나 부딪힘은 일단 피한다. 가격협상 같은 것도 싫어한다. 이들에게 특히 중요한 것은 안정감이다.
- **블루** 블루 유형의 고객은 모든 것을 알고자 하는 분석가 타입이다. 비판적인 질문을 던지고, 신중하게 행동하며, 선택지들을 세심하게 머릿속으로 따져본다.

고객과 구매동기를 분석하기 위한 지침으로 활용할 수 있는 이 유형 분류는 심리학자 칼 구스타브 융이 착안한 것이다.

여행사 직원은 잡담을 나누며 이 고객이 재미와 격려를 중요시하는 옐로 유형인 걸 감잡는다. 그러면 아름다운 해변사진보다는 쇼핑과 저녁 파티에 대한 조언에 자신의 일화 몇 개를 얹어서 소개하는 전략을 편다. 물론 그 고객이 지금까지 다녀온 여행지를 칭찬하는 것 또한 잊지 않는다. "아, 거기도 다녀오셨어요? 거기 좋지요? 고객님은 특히 분위기를 중요시하시는군요!"

그렇게 고객의 마음을 산 다음에야, 여행상품 이야기를 꺼낸다. 바로 그때다. 그전에는 절대 구체적인 상품 이야기를 꺼내지 않는다. 하물며 가격 이야기를 들먹이는 건 있을 수 없다. 가격은 일단 뒷전으로 돌린다. 일단 고객이 그 여행지에 홀딱 빠져서 몸달아야 한다. 파란 비치에 누워 있는 자신의 모습, 저녁이면 칵테일 한잔을 손에 들고 노을을 바라보는 자신의 모습을 그릴 수 있어야 돈을 들여 이런 꿈을 실현하고 싶다는 마음이 생긴다. 이쯤 되었을 때 여행사 직원이 "개인적으로는 이 여행을 추천드리고 싶어요. 저도 여기 자주 가거든요"라고 추천하면 이제 말을 진심으로 믿게 된다.

20분 이상 즐겁게 이야기를 나눈 사이니 그녀가 권하는 여행이 적절해 보인다. 이제 직원의 조언은 마치 친구의 조언처럼 다가온다. 하지만 사실 꼭 그렇지는 않다. 이어서 직원은 "정말 멋진 상품이죠?"라고 묻는데, 이건 사실 의뭉스러운 질문이다. 그 말에 동의한다면 바다를 건너는 비행기를 탄 거나 마찬가지다. 그 상품을 좋다고 말한 고객은 그 말을 실행에 옮길 확률이 높기 때문이다. 일관성을 유지하려는 것이 바로 인간의 자연스런 충동이다. 그러므로 고객의 동의를 끌어내면 판매원은 이제 소기의 목적을 달성한 거나 다름없다. 판매원이 암묵적으로 고객을 몰고 간 것이다. 이를 개입commitment이라 부른다.

그렇다고 모든 판매자가 고객을 그렇게 매수하는 건 아니다. 대부분의 사람들은 진정으로 고객에게 좋은 정보를 주고, 고객들이 가장 만족할 수 있는 상품을 팔고자 한다. 하지만 판매자의 관심이 어디에 있고, 판매 상황의 대화가 어떻게 진행되는지를 아는 사람은 상황에 더 주체적으로 대응할 수 있고, 개입당할 염려가 더 적다.

자가 테스트

나는 어떤 유형의 고객일까?

마케팅 컨설턴트 프랑크 M. 쉘렌은 융의 이론을 발전시켜 자가 진단표를 만들었다. 다음 자가 테스트는 쉘렌의 테스트를 단순화한 것으로, 더 자세히 알고 싶은 사람은 쉘렌 연구소 웹사이트scheelen-institut.com를 방문하면 더 구체적인 분석 도구를 접할 수 있다.

열한 개의 질문이 있으며, 각 질문에 A, B, C, D 네 가지로 답할 수 있다. 자신에게 가장 맞는 답변에 체크하라(질문 하나에 하나씩만 해야 한다). 그리고 마지막에 어떤 철자를 가장 많이 선택했는지 세어보라.

1. 상점에 들어간 당신, 판매원에게 어떻게 다가갈까?

(A) 판매원에게 다가가지 않고, 일단 한번 둘러본다.

(B) 이미 머릿속으로 살 것을 정했기 때문에 곧장 판매원에게 다가가 용건을 말한다.

(C) 저쪽에 판매원이 있는 걸 보고, 그가 내게 시간을 내주기

를 기다린다.

(D) 전혀 모르는 사람인데도 마치 옛날부터 알았던 것처럼 판매원에게 손인사를 하며, 잠시 도와달라고 부탁한다.

2. 당신은 어떤 목적으로 상점에 갔는가?

(D) 특별한 목적은 없다. 그냥 둘러보며 아이쇼핑을 한다.

(B) 필요한 물건이 있어 사러 왔다. 필요한 것이 없으면 쇼핑하러 나오지 않는 편이다.

(C) 친구를 만나 카페에서 잠시 수다를 떨다가, 쇼핑이나 할까 하며 들렀다.

(A) 내가 원하는 물건을 어디서 가장 좋은 가격에 살 수 있는지 자세히 알아보려고 한다. 뭐든 잘 알아보고 구입해야 하니까.

3. 가격이 저렴한 절전형 냉장고를 찾고 있다. 이런 용건을 어떻게 전달할까?

(B) 용건을 짧고 명확한 문장으로 단도직입적으로 말한다.

(C) 비싼 모델은 살 수 없다는 사실이 약간 창피해서 말이 잘 나오지 않는다. 판매원이 알아서 안내해줬으면 한다.

(A) 소비자 단체의 품질 테스트 결과서를 내밀면서, 그중 좋은 점수를 받은 모델을 보여달라고 부탁한다.

(D) 얼마 전 옆집에서 한 냉장고 모델을 구입했는데 꽤 좋더라

며 감탄하고는 그와 비슷한 냉장고를 사고 싶다고 말한다.

4. 새로 개업한 상점에 들러 호기심 있게 둘러보는 중이다. 그때 판매원이 당신에게 다가와 말을 건넨다. 어떻게 반응하겠는가?

(C) 친절한 인사가 마음에 든다. 기분이 좋아진다.

(A) 부담스럽다. 아직 제대로 둘러보지도 못했는데……

(D) 그 직원이 다가와줘서 좋다. 신나게 이야기를 나눈다.

(B) 마침 시간이 없는데 잘됐다. 스몰토크를 생략하고 곧장 본론으로 들어간다.

5. 당신은 판매원과 이야기중이다. 대화중 당신의 자세는 어떠한가?

(A) 되도록 거리를 유지하고, 신체접촉은 어떤 일이 있어도 피하려고 애쓴다.

(D) 편안하고 느슨한 자세로 대화를 한다.

(B) 대화에 집중하는 가운데 상대방에게 내가 원하는 게 무엇인지 정확히 알려주려 한다.

(C) 약간 신경이 곤두선다. 상대방이 신뢰할 만한 사람인지 아직 알지 못하기 때문이다.

6. 좋은 판매원은 어떤 자질을 갖추어야 할까?

(D) 자기 일에 열심이고, 유머감각이 있는 사람이 좋다. 고객도 감동시킬 줄 알아야 한다.

(B) 판매원이 내 시간을 허비하지 말았으면 좋겠다. 능력 있고, 이해력도 빨랐으면 한다. 뭔가를 반복적으로 설명해야 하는 건 딱 질색이다.

(A) 전문가와 이야기하고 싶다. 상품에 대해 전문적 식견을 갖췄으면 좋겠다.

(C) 시간을 할애해 내 말을 들어주고, 내 요구에 맞춰줬으면 한다.

7. 새 차로 바꿀 때가 되어 비싼 SUV를 구입했다. 차를 구입했다는 이야기를 누구에게 하겠는가?

(B) 직장동료. 다음날 점심시간에 바로 이야기할 것이다. 자동차는 신분상징이니까.

(C) 절친한 친구. 좋은 영업사원을 소개시켜줘서 고맙다고 말할 것이다.

(D) 친구. 친구들을 초대해 시승식을 갖는다. 새 차를 타고 드라이브 나간 사진을 페이스북에 올린다.

(A) 아무에게도 이야기하지 않는다. 새 물건을 마련했다는 등의 자랑은 별로 하고 싶지 않다.

8. 당신은 슈퍼마켓 계산대 앞에 서 있다. 계산대에 당신이 내려

놓은 물건은 커피 한 팩과 우유, 콘플레이크뿐. 하지만 바로 앞의 할머니가 지갑을 뒤지며 잔돈을 찾는다. 당신은 어떻게 반응할까?

(C) 할머니가 계산을 끝낼 때까지 참을성 있게 기다린다. 할머니가 도중에 미안한 듯 나를 쳐다보면 괜찮다고 천천히 하시라고 안심시켜드린다.

(D) 할머니를 돕는다. 적절한 액수의 잔돈을 맞추는 걸 힘들어하실 수도 있으니까.

(A) 다른 계산대의 줄이 더 짧은지 살펴본다. 그게 아니라면 다른 줄로 옮겨가기는 포기하고 그 시간에 내 물건을 정리하고, 지불액을 미리 계산해본다.

(B) 속으로 무척 짜증이 난다. 뭐라고 한마디하고 싶은 걸 간신히 억누른다. 준비성 없는 태도에 화가 난다.

9. 텔레비전을 새로 구입하려고 여러 가지 모델을 살펴본다. A모델은 화질이 좋고, B모델은 기능이 다양하다. 당신은 무엇을 선택하겠는가?

(A) 즉석에서 결정하긴 어렵다. 모든 구매는 신중히 생각해야 한다. 두 모델을 더 비교해보기 위해 결정을 미룬다.

(C) 확신이 서지 않아 함께 있는 배우자에게 도와달라는 눈빛을 보낸다.

(B) 아주 실용적으로 판단해 더 저렴한 모델로 결정한다.

(D) 3D 영화도 보고 싶고, 스포츠 리그 선수들이 땀흘리는 모습까지 아주 생생하게 보길 원한다. 그래서 특수 기능을 가진 모델을 직감적으로 선택한다.

10. 가구점에서 소파를 구경중이다. 그때 판매원이 "이 제품을 능가하는 건 없어요. 정말 탁월한 선택이죠"라고 말한다. 당신은 어떻게 반응할까?

(D) 나의 선택을 인정받은 듯하다. 얼른 이 소파를 집에 놓고 편안히 몸을 기대 앉고 싶어 안달난다.

(C) 판매 직원에게 호감이 가고, 그의 판단에도 신뢰가 간다.

(A) 의심이 생겨 그 제품에 대해 이것저것 캐묻는다. 다른 사람의 권유에 그리 쉽게 흔들리지 않는다.

(B) 가격, 품질, 디자인 모두 괜찮다. 판매 직원 말이 옳다. 배송 일정만 맞으면 이걸로 결정이다.

11. 슈퍼마켓 점장이 상품을 제대로 정리하지 못한 인턴 직원을 호되게 나무라는 장면을 보게 되었다. 그 순간 무슨 생각이 들까?

(C) 어린 친구가 안됐다. 직원을 저렇게 혼내다니 정말 이해할 수 없다. 인턴 직원에게 힘내라는 응원의 뜻으로 미소를 보낸다.

(A) 점장의 태도가 불쾌해서 얼른 지나가버린다.

(B) 혼나도 싸다. 처음부터 일을 잘 배우는 게 좋다.

(D) 얼른 그 상점에서 나가버린다. 그런 분위기에서 물건을 사고 싶지 않다.

자가 테스트 해석하기

어떤 철자를 가장 많이 선택했는가? A, B, C, D는 각각 고객 유형을 뜻한다. 이 네 가지 중에 뚜렷하게 속하는 유형이 없다고? 걱정하지 말라. 한 가지 유형이 두드러진 경우는 오히려 드물며, 두 가지 혹은 심지어 세 가지 유형에 걸쳐 있는 경우가 많다. 어떤 철자가 많이 나오느냐에 따라 다음과 같이 볼 수 있다.

A. 심사숙고형

당신은 두루두루 잘 알아본 뒤 신중하게 구매결정을 하는 타입이다. 차분하게 제품을 비교해볼 여유와 시간이 필요하다. 당신에게 중요한 건 사실정보다. 판매원의 근사한 말에 쉽게 휘둘리지 않는다. 양질의 전문적인 조언은 마다하지 않지만, 판매원이 너무 몰아붙이는 건 좋아하지 않는다. 판매원과 친해지고 싶은 마음도, 그의 개인사를 알고 싶은 마음도 없다. 당신에게 중요한 것은 오직 사안 자체다.

B. 실용주의형

뭔가를 구매할 때도 직관이 중요하다. 직관이 맞아떨어지는 경우 구입을 망설이지 않는다. 목표로 직진한다. 스몰토크 같은 것은 쓸데없는 일. 솔직하고 직설적인 방식이 좋고, 대화의 주도권을 쥐는 데 익숙하다. 판매원에게 자신감 있게 다가가, 자신의 필요를 만족시켜줄 것을 요구한다. 당신은 에너지로 충만하며 시간을 효율적으로 활용하고 싶다. 그래서 느릿한 사람을 잘 참지 못한다. 자신의 위신에 걸맞은, 혹은 위신을 높여주는 제품이 최적의 제품이다.

C. 감성형

당신은 주변 사람들에게 늘 친절하고 잘 대하기 때문에, 상대방도 그렇게 해주기를 기대한다. 사람을 처음 만나면, 일단 조심스럽게 상대와 가까워지려고 한다. 일단 판매원에게 신뢰가 가야만 뭔가를 구매한다. 판매원이 시간을 내 친절하게 상담해주고, 이야기를 들어주고, 상품과 관련하여 함께 고민해주는 것이 중요하다. 당신은 한번 고객이 되면 오랫동안 단골로 남는 스타일이다. 늘 같은 미용사에게 머리를 하고, 채소도 늘 같은 노점에서 산다. 익숙한 것에 기분 좋아지는 유형.

D. 사교형

당신에겐 재미가 우선이다. 쇼핑도 즐겁게 하길 원하며, 판매직원과 가볍고 편안한 대화를 즐긴다. 커피 한잔하며 수다떠는 건 얼마나 좋은 일인가. 구매를 위한 대화를 할 때도 당신은 판매 직원이 아닌 친구처럼 수다를 떤다. 구매결정을 내렸다면, 그 결정을 칭찬받고 인정받고 싶어한다. 충동구매를 잘하는 타입이며, 때로 자신의 구매에 스스로 열광하는 편이다.

각 유형 모두 강점과 약점이 있다. 무엇보다 자신의 강점과 약점을 알면 부정적인 영향을 최소화할 수 있다. 이런 유형 분류는 또한 당신이 왜 어떤 판매 직원에게는 단박에 호감을 느끼고, 다른 직원들에게는 그렇지 않은지를 알려준다. 서로 다른 두 유형이 서로 부딪히면, 긴장이나 오해가 빚어질 수도 있다.

- 심사숙고형은 스스로를 분석적이고 신중한 사람으로 보지만, 다른 사람들에겐 냉정하고 까다롭고 경직된 사람으로 느껴질 수 있다.
- 실용주의형은 스스로를 자신감 있는 사람으로 평가하지만, 다른 사람들은 그의 행동을 거만하거나 권위적으로 느낄 수 있다.
- 감성형은 감정이입을 잘하지만, 어떤 사람들에겐 고리타분하거나, 상처받기 쉬운 스타일로 느껴질 수 있다.
- 사교형은 사람들과 어울리기를 좋아하고, 성격이 밝고 개방적이다. 하지만 어떤 사람들에게는 이런 태도가 너무 부담스럽거나, 무례하게 느껴지거나 피상적으로 다가올 수도 있다.

만약 물건을 사는 경우라면 당신은 이 유형을 판매원에게 적용해 더 좋은 조언을 이끌어내는 데 활용할 수 있다.

아직 물건이 남아 있긴 한데요……

많은 판매원들은 우리의 주머니를 열기 위해 몇 가지 전략을 활용한다. 굉장히 기발한 전략이라 눈치채지 못하면 우리에게 거의 선택지가 남지 않을 수도 있다.

• 상호호혜 전략

이 전략은 '가는 정이 있으면 오는 정도 있다'를 활용한 단순한 전략이다. 친절한 미소를 머금은 판매 직원이 맛난 음식이 담긴 접시를 건네며 "한번 맛보세요"라고 한다. 그 음식이 입에 들어오는 순간 이미 유혹은 시작됐다. 연구에 따르면 무료 시식을 하는 경우 그 제품을 구입할 확률이 높아진다고 한다. 뭔가를 제공받으면 빚진 것 같아지고 되갚아줘야 할 것 같다. 그러므로 이런 판매 전략은 여기저기 많이 활용된다. 슈퍼마켓에서뿐 아니라, 요식업체에서도 이런 전략을 구사한다. 계산서를 건넬 때 한 조각의 초콜릿이나 사탕을 함께 가져다주면, 팁 액수가 평균 10퍼센트 올라간다고 한다.

• **빠듯함 전략**

우리에겐 혹시 물건이 다 떨어져서 못 살 수도 있다는 두려움이 있다. "마지막 하나 남은 것"이라는 말을 들으면 경종이 울린다. 다른 사람이 선수 치기 전에 서둘러 결정해야 할 것 같다. 이런 트릭은 고객이 아직 결정하지 못하고 우물쭈물할 때 많이 쓰인다. 판매 직원들은 일부러 물건이 부족한 척한다. 뭔가를 놓쳐버릴 것 같은 우리의 두려움을 부추기며, 이성적인 숙고를 못 하도록 막는다. 세일이나 특별행사의 경우에도 고객들은 물건이 다 떨어져서 싸게 살 수 있는 기회를 놓칠까봐 얼른 구매를 결정한다.

• **비교 전략**

우리는 어떤 것이 비싼지, 아니면 적절한지를 상품과 그 가격들을 서로 비교해보면서 판단할 수밖에 없다. 판매자들은 이런 비교 상황을 이용한다. 가령 웨딩드레스 숍에 가면 한 벌에 몇천 유로인 웨딩드레스가 가득하다. 웨딩드레스에 그런 거금을 지출하고 나면, 100유로짜리 베일은 아무렇지도 않게 여겨진다. 웨딩드레스를 생각하면 베일은 싸다는 생각마저 든다. 구매결정 과정에서 오류에 빠지게 되는 것이다. 베일끼리 놓고 비교하는 것이 아니라, 웨딩드레스와 베일의 가격을 비교하다보니 그렇게 된다(62쪽의 미끼 효과도 참조하라).

조심! 백화점은 유혹으로 가득하다

백화점의 기막힌 점은? 거기 들어가면 원래 사려던 물건이 아닌 다른 물건을 사서 나온다! 독일 코미디언 마리오 바르트는 이런 상황을 재미있게 소개했다. 여자친구가 어느 날 점퍼를 사러 백화점에 갔는데, 백화점에 들어가자마자 원래의 계획은 온데간데없이 사라져버리고, 점퍼는 생각도 안 난다는 듯이 곧장 찻잔 진열대로 가 커피잔을 사서는 집으로 왔더란다. 집에서 자랑스럽게 커피잔을 꺼내놓는 그녀에게 바르트가 어리둥절해하며 물었다. "그런데 점퍼를 사려던 거 아니었어?"

이런 현상은 바르트의 여자친구만 겪은 일이 아니다. 모두가 비슷한 상황을 경험한 적이 있다. 마케팅 전문가들과 인테리어 담당자들은 우리가 물건을 구매하도록 이끌기 위해 아이디어를 짜낸다. 매장 측은 되도록 많이 파는 데 관심이 있다. 어떻게 하면 고객들이 더 많이 구매하게 만들까? 아주 간단하다. 매장에 머무는 시간을 늘리면 된다.

고객이 매장에 오래 머물수록 더 많은 물건을 산다. 그리고 오래 머물려면 그 장소에 있을 때 기분이 좋아야 한다. 창고같이 어수선한 공간에서 오래 머물며 여기저기를 둘러보는 사람은 없을 것이다. 따라서 구매결정에서 디자인과 인테리어는 중요한 역할을 한다. 그 밖에 많은 세부 요소들이 작용한다. 실내 온도도 중요하다. 19도 정도가 최적의 온도다. 이 정도면 고객들이 땀흘릴 정도로 너무 덥지도 않고, 너무 추워서 고객들이 얼른 떠나고 싶게 만들지도 않는다.

동선 역시 영향을 미친다. 눈을 감고 자주 다니는 슈퍼마켓을 떠올려보라. 출입구가 어디에 있는가? 대부분의 상점에서 입구는 오른쪽에, 출구는 왼쪽에 있다. 그러다보니 시계 반대방향으로 매장을 돌게 된다. 모든 사람이 내면의 지도에 따라 움직이기 때문이다. 95퍼센트의 사람들이 시계 반대방향을 더 편안해한다. 시계 반대방향으로 진행됨으로 대부분 오른손잡이인 고객들이 편안하게 물건을 집을 수 있게 된다는 이점도 생긴다. 그 점 역시 우리에게 긍정적으로 여겨진다.

행동경제학자 허브 소렌슨은 고객들의 동선이 매출에 미치는 영향을 연구했는데, 그 결과 시계 반대방향으로 움직인 고객들이 평균 2달러를 더 지출했다. 2달러면 적은 것 같은가? 하지만 일 년에 수만 명의 고객들이 2달러씩 더 쓴다고 생각해보자. 적절히 짠 동선 하나로 우리는 더 많은 물건을 구입하게 되고, 슈퍼마켓은 엄청난 매출을 올릴 수 있다.

고객들의 이동 속도 역시 판매에 영향을 미친다. 편안한 속도로 걷다보면 상품을 더 여유롭게 살펴볼 수 있다. 사회학자 파코 언더힐은 고객들이 보통 빠른 걸음으로 매장에 들어온다는 사실을 확인했다. 대부분은 꽤 급히 주차장에서 매장으로 들어온다. 생필품 구입은 대개 귀찮은 의무다. 그 때문에 파코 언더힐은 "매장으로 들어오는 고객들에겐 착륙 활주로가 필요하다"고 보았다. 일단 고객들이 매장에 적응해 걸음을 늦춰야 하는데, 그러려면 매장 안과 밖 사이에 과도지대를 만들어야 한다는 것이다.

고객들에게 브레이크를 거는 한 가지 방법은 블로킹Blocking이다. 고객들의 길을 가로막는 광고 스탠드를 배치해 속도를 줄이는 것이다. 입구뿐 아니라 매장 안에도 연달아 그런 광고를 배치한다.

매장 체류 시간을 늘리기 위한 또다른 전략은 바로 즐거움을 주는 것이다. 물건 구입은 체험이어야 하고, 긍정적인 감정을 자아내야 한다. 그래서 거의 모든 슈퍼마켓 입구에는 과일과 채소 매대가 있다. 빨갛게 잘 익은 토마토, 아삭아삭한 초록 사과. 상상만 해도 벌써 입안에 침이 고이지 않는가? 바로 이렇게 구매 유혹을 받는 것이다.

알록달록한 색깔과 향기는 식욕을 돋우고, 구매 욕구를 불러일으킨다. 이제 당신은 아보카도를 하나 들고서는 잘 익었는지 본다. 딸기도 혹시 무른 건 없는지 눈여겨본다. 이렇게 살피다보면 처음 슈퍼마켓에 들어올 때의 분주함은 달아나버리고, 걸음걸이를 늦추게 된다.

빛, 냄새, 소리. 이 모든 것이 긍정적인 감정을 불러일으키는 도구다. 크레펠트 지역의 퓨처 스토어(미래형 매장)도 그런 방법을 시도하고 있다. 그곳에서는 생선 구입조차 특별한 체험처럼 느껴진다. 생선 매대에서는 소금기를 머금은 바닷가를 연상시키는 냄새가 나고, 파도 소리까지 들린다. 고객은 이미 슈퍼마켓이 아닌 어느 항구의 어시장에 와 있는 기분이 된다.

감정을 불러일으키고 상상력을 자극하는 것이 중요하다. 가구점에서도 이런 식의 마케팅이 애용된다. 식탁만 덩그러니 놓인 것이 아니라 식탁보, 과일 접시, 포크와 나이프 등 상차림 용품들로 식탁이 아름답게 세팅되어 있다. 이 장면을 본 고객들은 가족들과 함께 식탁에 앉아 편안하게 아침식사를 하는 모습을 머릿속에 그리게 된다. 그러면 이미 낚인 것이다! 식탁만 구입하러 왔다가 그릇도 사고, 과일 접시도 사고, 식기류도 사게 된다.

여기에는 같은 카테고리의 제품들을 늘 함께 진열하는 전략이 숨어 있다. 아스파라거스 시즌이 되면 아스파라거스와 함께 그에 어울리는 와인과 홀란데이즈소스, 파르마 햄까지 곁들여 진열한다. 원래는 아스파라거스만 1킬로그램 사려 했다가도 딸린 상품들을 보자마자, '오, 좋은 생각이네! 이것도 함께 사야지'라는 생각하게 된다. 쇼핑 카트는 이렇게 의도하지 않았던 품목들로 가득 채워지며, 심한 경우 우유 한 팩 사러 나갔다가 자전거를 사 오는 일까지 생긴다.

8장

3초 만에
사랑에
빠지다

우리는 어떤 사람과 사랑에 빠질까

음악, 춤, 형형색색의 불빛이 로미오의 감각을 취하게 한다. 가슴은 두근거리고, 피부가 간질거린다. 로미오는 세면대에 몸을 굽히고, 차가운 물로 세수를 하고 진정을 해보려고 한다. 젊은 로미오는 주변을 둘러보다 수족관 앞에 서서 물속을 노니는 물고기들의 경쾌한 몸짓을 넋을 잃고 쳐다본다. 그때 수족관 건너편에 갑자기 녹색 눈동자의 여성이 나타난다.

예기치 않게 수족관 유리를 사이에 두고 젊은 아가씨와 마주서게 된 것. 긴 머리칼은 부드럽게 얼굴로 흘러내리고, 도톰한 입술은 웃을락말락 미소를 머금었다. 젖은 금발이 이마에 달라붙은 채 약간 일그러진 표정으로 수족관 이편에 선 로미오. 줄리엣의 압도적인 아름다움에 침을 꿀꺽 삼키고는 그녀에게서 눈을 떼지 못한다. 시선이 오가고, 갑자기 두 사람에게 '그 일'이 일어난다. 불멸의 사랑에 빠져버린 것이다.

첫눈에 사랑에 빠진 로미오와 줄리엣. 배즈 루어먼 감독은 고전 속 가장 유명한 사랑 이야기인 셰익스피어의 희곡 『로미오와 줄리엣』을 동명의 제목으로 영화화해 현대적 화법으로 새롭게 풀어냈다. 루어먼은 줄리엣의 가문인 캐퓰릿의 연회장에서 로미오와 줄리엣을 만나게 한다. 로미오가 기사로 변장하고는 몰래 그 연회장으로 들어간 것이다.

그런데 영화 밖 현실은 어떨까? 현실에서도 첫눈에 사랑에 빠지는 일이 있을까? 아니면 순전히 작가와 영화감독 들이 머릿속으로 지어낸 이야기일까?

정말 있다. 진화심리학자들은 첫눈에 사랑에 빠지는 일은 정말 가능하다고 이야기한다. 그리스신화 속에도 '큐피드의 화살' 이야기가 있는 걸 보면 고대에서부터 이미 사람들은 이런 현상을 알고 있었다. 스치는 옷깃 한 번, 눈길 한 번, 미소 한 번으로도 불꽃이 튀기에 충분하다.

부부치료사이자 작가인 볼프강 크뤼거는 커플 중 약 절반은 첫눈에 반한 경우라고 말했다. 나머지 커플들의 경우 수년간 친구로 지내거나 일을 같이한 후 애정이 싹튼다. 이미 서로 잘 통하던 상태에서 어느 순간 결정적인 사건이 일어나는 것이다. 파트너 선택은 우리를 늘 이런 질문 앞에 세운다. 나는 어떤 사람과 사랑에 빠질까, 어떤 기준이 중요할까?

다음 글은 낭만과는 거리가 멀지도 모른다. 하지만 의식적이든 무의식적이든 적절한 파트너를 찾을 때는 원초적 본능(원초적 충동)이 작용한다. 바로 번식의 욕구 말이다. 다행히 우리는 이런 본능을 명확히 느끼지는 못한다. 오히려 설렘 정도로 받아들인다. 일단 처음에는 말이다.

머리, 아니면 가슴? 사랑은 어떻게 시작되는가

당신은 어떻게 당신의 반쪽을 알게 되고 사랑에 빠졌는가? 어느 바에서, 혹은 친구 집 파티에서 우연히 만났는가? 그러면 왜 건장한 근육질 남성이 아닌, 수줍게 웃는 그 사람을 선택했는지 틀림없이 설명할 수 있을 것이다. 아니라고? 그렇다면 블레즈 파스칼의 경우와 같은지도 모른다. 이 프랑스 철학자는 "가슴은 이유를 알지만, 이성은 까맣게 모른다"고 하지 않았던가.

파스칼이 말한 건 파트너 선택에 숨은 동기들이다. 다행히도 이런 인간 행동을 관찰하는 연구가 지속적으로 이루어지고 있다. 이때 스피드 데이트보다 더 좋은 사례가 또 있을까? 스피드 데이트는 솔로 탈출을 원하는 사람들을 위해 몇 분 동안의 짧은 만남을 주선해주는 일이다.

스피드 데이트는 다음과 같이 이루어진다. 여덟 명에서 열 명의 남녀가 마주앉아 3분간 이야기를 나누며 상대방에게 호감이 가는지 아닌지를 알아본다. 3분이 지나면 종이 울리고, 남자들은 자리를 옮겨 그다음 여성과 만난다. 그렇게 모든 싱글 남녀가 서로 한번씩 이야기를 나눈다. 대화가 끝날 때마다 둘은 상대를 다시 보고 싶은지를 표시하고, 의견이 일치하면 데이트가 성사된다.

미국의 심리학자 로버트 커즈번은 상대에게 호감을 느끼는지 아닌지에 대한 판단은 3초 만에 내려진다는 사실을 확인했다. 다시 한번 말하지만, 3초다!

수입, 학력, 나이, 종교, 흡연 여부 이 모든 것은 전혀 중요하지 않다. 첫 만남에서 대부분의 피험자들에게 영향을 미친 건 바로 외모였다.

그렇다면 스칼릿 조핸슨 같은 외모를 가져야만 파트너를 찾을 수 있는 것일까? 전혀 그렇지 않다! 외모는 이성의 관심을 끄는 첫번째 미끼에 불과하다. 다행히 우리 대부분은 단 3초 만에 파트너 선택을 하지 않고, 더 많은 시간을 들인다. 외모가 좋은 관계를 보장해주지는 않기 때문이다.

파트너를 선택하는 또하나의 무의식적인 기준은 바로 유전학이다. "사랑은 입으로 온다네." 맛있는 걸 함께 먹는 것이 상대의 마음을 사는 데 중요하다는 속담이지만, 이제 "사랑은 코를 통해 온다네"라고 말해야 할 것 같다. 오늘날 수많은 진화생물학자들은 정말로 그렇게 믿는다.

체취에 끌림을 느끼는 건 자연과학 분야에서 아주 흔한 일이다. 포유동물과 곤충 들은 냄새 물질을 도구 삼아 잠재적인 짝짓기 상대를 유혹한다. 페로몬이라 불리는 이런 유혹 물질은 자연계에만 있는 것이 아니다. 사람도 역시 자신만의 체취를 가지고 있고, 이것은 지문만큼이나 각자 다르다.

체취에는 우리의 면역계에 대한 정보가 들어 있다. 막스플랑크 연구소의 진화생물학자 만프레드 밀린스키는 실험을 통해 여성들은 자신에게 맞는 남성인지 아닌지를 냄새로 판단한다는 사실을 알아냈다. 후손에게 최적의 유전자만을 물려주기 위한 행동이다.

여기서 '최적'은 아이가 유전적으로 질병에 잘 무장되어 있다는 의미다. 밀린스키는 실험 과정에서 여성들에게 땀에 젖은 여러 장의 티셔츠 냄새를 맡게 하고는(역하게 느껴졌다면 미안하다) 어떤 냄새가 매력적인지를 물었다. 결과는 놀라웠다. 실험에 참가한 여성들은 무의식적으로 자신과 다른 면역계인 남성들의 체취를 더 선호했다. 자신의 면역계를 최적으로 보완할 수 있게끔 말이다. 이 모든 정보가 우리의 땀 속에 암호화되어 있다.

이제 당신은 대체 어떻게 땀냄새가 사람을 유혹할 수 있느냐고, 땀냄새는 전혀 유혹적이지 않다고 이의를 제기할 것이다. 남자들이 허리에 가죽을 두르고 돌아다녔던 선사시대라면 여성들이 남성들의 땀냄새에 끌렸을지도 모르지만, 오늘날에는 비누, 향수, 데오도란트로 체취를 감추려 노력하지 않는가. 천만에! 그런 것들로 체취를 약간 숨길 수 있을지는 모른다. 하지만 우리 잠재의식의 나침반은 아주 목적 지향적이기에 우리는 본능적으로 우리의 체취를 극대화할 수 있는 향수를 뿌리고, 특유의 향취를 갖게 된다. 향수 선택은 결코 유행의 문제가 아니다.

이제 당신은 파트너 선택을 할 때—사회적인 기대와는 달리—무엇보다 외모를 중시하고, 무의식적으로 서로 다른 면역계인지 가려낸다는 것을 알게 되었다. 그러나 전체적인 유전형질의 기준에서 보면 우리는 가급적 자신과 비슷한 파트너를 선호한다.

스탠퍼드 대학의 벤저민 도밍그는 커플 825쌍의 유전물질을 연구하던 중, 커플끼리의 유전자가 무작위로 고른 두 사람 사이의 유전자보다 더 비슷하다는 사실을 발견했다. 다르게 말하면, 유전적으로 비슷한 사람끼리 커플이 되는 경우가 더 많다는 소리였다.

왜 그럴까? 도밍그는 사람들이 신장 등 외적 특성에 따라 파트너를 선택하기 때문이라고 말한다. 키가 큰 여성은 자연스럽게 키가 큰 남성을 찾으며, 이런 유사함이 자연스럽게 유전자에서도 재발견된다는 것이다.

미국의 성 연구가 존 머니는 한 걸음 더 나아갔다. 그에 따르면 우리는 파트너를 선택하기 한참 전인 다섯 살에서 여덟 살 사이에 이미 이상형에 대한 정확한 설계도를 만든다. 머니는 이런 설계도를 '사랑의 지도'라고 부른다.

사랑의 지도를 구성하는 재료는 어릴 적 경험이다. 엄마가 이야기를 들어주고, 안아주고, 위로해주었던 일, 아빠가 웃었던 일, 꾸짖었던 일…… 우리는 모든 일을 뇌에 입력하고, 부모의 이런 특성을 좋다/싫다로 분류한다. 시간이 흐르면서 이런 경험이 파트너 선택을 할 때—우리가 의식하지 못하는 사이에—다시금 등장한다.

그래서 어떤 사람은 의사 가운만 봐도 본능적으로 매력을 느끼고, 어떤 사람은 거부감을 느낀다. 호탕한 웃음, 부드러운 손, 작은 코, 귀여운 보조개. 첫 만남에서 사랑에 빠지는 순간 그 무수한 작은 특성들이 합쳐져 우리가 이 사람에겐 매력을 느끼고, 저 사람에겐 매력을 느끼지 않게끔 한다. 머니에 따르면 어릴 적 각인과 거기서 비롯되는 사랑의 지도 때문에 우리는 파티에 온 많은 손님들 가운데서 특정인에게 호감을 느끼고, 그 사람에게 사족을 못 쓰게 된다. 그 사람이 친한 친구들에게는 별로 매력적으로 보이지 않는데도 말이다.

사랑에 빠지면 이성적인 결정이 어려워진다

사랑은 낭만과 정열만으로 생겨나지 않는다. 우리의 모든 감정은 두뇌 속 화학반응을 통해 생겨난다. 기능적 자기공명영상fMRI을 통해 사랑에 빠진 사람의 두뇌를 살펴보면 도파민, 노르아드레날린, 펜에틸아민 농도가 높다. 이런 호르몬 칵테일은 질풍노도기에 나타나는 모든 증상을 유발한다. 가슴 두근거림, 희열, 행복감 등 말이다.
하지만 그로 인해 이성적인 결정을 담당하는 전전두피질의 활동이 감소되는 부작용이 생긴다. 한마디로, 사랑에 빠진 사람은 생각 없이, 혹은 강박적으로 행동하게 된다.
이탈리아 피사 대학의 도나텔라 마라치티 교수는 사랑에 빠지면 세로토닌 수치가 감소한다는 것을 발견했다. 그 때문에 사랑에 빠진 사람의 머릿속은 강박신경증 환자와 비슷하게 온통 사랑하는 사람 생각뿐이다. 집중력도 감퇴한다. 실험 참가자들의 경우 세로토닌 수치가 정상치보다 평균 40퍼센트 낮았다. 그런 수치로는 이성적인 판단이 불가능하다.

9장

누군가 내 결정을 대신해준다면

습관이란 무의식적으로 내리는 결정이다

"다른 사람에게 맡겨버려/ 오, 스스로 하는 것은 한물갔네/ 나는 누군가에게 시킨다네." 독일 힙합그룹 다이히킨트의 노래가사다. 정말 그렇게 간단하면 얼마나 좋을까! 매일매일 해야 하는 무수한 결정을 떠올린다면, 그중 몇 가지를 다른 이에게 맡기고 싶어하는 것은 당연하다. 하지만 가능할까? 정말로 결정을 위임할 수 있을까?

그렇다. 당신은 이미 그렇게 하고 있다.

하나하나 의식하며 결정을 내리는 것은 알다시피 우리 두뇌에 부담을 준다. 그래서 대개 자동화가 이루어진다. 한번 의식적으로 결정하면, 다음에는 습관처럼 반복한다.

습관은 보통 자동화되어 무의식적으로 돌아간다. 시간적, 공간적으로 반복되는 사건들이 머릿속에서 서로 연결되어 습관이 생겨난다. 신경학자들은 대뇌피질 아래 위치한 기저핵basal ganglia에서 습관이 만들어진다고 본다.

연습을 통해 뭔가를 잘하게 될 때마다 이런 과정이 일어나고, 이에 관여하는 두뇌 신호들이 뇌 깊숙이 들어가 기저핵에서 일상 작용으로 굳어진다. 하버드 대학의 제럴드 잘트먼 교수에 따르면 우리가 일상에서 내리는 결정의 95퍼센트는 무의식적으로 이루어진다.

커피잔을 식기세척기에 집어넣지 않고, 사무실 간이 싱크대에 쌓아두는 것도 그래서다. 사무실에 출근하면 늘 똑같다. 일단 커피 한 잔을 마신다. 이런 멘탈 자동조종장치는 굉장히 실용적이어서, 별로 중요하지 않은 일에 시간과 에너지를 허비하지 않게 한다. 컵 하나를 쓸 때마다 매번 세제로 닦아야 할지 그냥 두어야 할지 판단해야 한다면 얼마나 에너지 낭비가 심할까. 습관 덕분에 이런 에너지를 다른 곳에 집중할 수 있다.

가령 출근길에 운전하면서 최근 고민해오던 어떤 문제의 해결 방안을 곰곰이 생각할 수 있다. 회사 주차장에 차를 세울 즈음에는 머릿속에 이미 해결책이 서 있을 때도 있다. 그러나 방금 지나온 신호등이 빨간 불이었는지, 초록 불이었는지 기억이 안 날 것이다. 초록 불이었기를 바랄 뿐. 어쨌든 간에, 그런 습관들이 우리의 삶에 체계를 만들고 안정감을 준다.

다만 문제는 우리 두뇌가 좋은 습관과 나쁜 습관을 구별하지 못한다는 것이다. 어떤 습관이건 그 행동을 할 때마다 보상작용을 하는 전달물질이 분비된다. 장기적으로 해로운 습관인데도 말이다. 흡연처럼 나쁜 습관을 버리기가 힘든 건 그래서다.

자, 여기서 습관을 바꾸는 것이 얼마나 힘든지 간단한 자가 테스트를 해보자. 기도를 드릴 때처럼 손을 모으고, 손가락을 깍지 껴 엄지손가락을 포개자. 어느 쪽 엄지손가락이 위로 올라와 있는가? 이제 위아래 엄지손가락을 반대로 포개보자. 굉장히 부자연스럽지 않은가? 불편하고 뭔가 잘못됐다고 느껴질 것이다.

미국의 심리학자 도나 마르코바에 따르면 이런 간단한 습관 하나를 새로 들이는 데도 약 2주가 필요하다. 그때까지 두뇌는 끊임없이 "비상, 비상! 뭔가 이상합니다" 하는 신호를 보내온다. 고작 손가락

깍지 끼는 방향이 달라졌다고 말이다. 그러니 더 비중 있는 부분에 변화를 주려 하면 어떻게 될까.

아이러니 효과

뭔가를 하지 않으려고 할수록, 그 행동을 할 확률이 더 높아진다. 이 현상을 아이러니 효과라고 부른다.
우트레히트 대학 마리케 아드리안세 팀의 연구를 보면 "이제 정말 술을 끊을 거야!"라는 말이 오히려 반대 행동으로 이어진다. 술을 끊겠다고 다짐했는데 다시금 죽어라 술을 퍼마시게 되는 것이다. 그러니 경솔하게 결정을 내리지 말자!

누군가에게 결정을 맡기고 싶을 때

우리는 습관과 숙련된 행동에 따라 많은 결정을 내린다. 위임할 수 있는 결정은 생각보다 많다. 다른 사람 혹은 다른 직원들, 서비스업체, 온라인 서비스 등을 이용해 얼마든지 가능하다.

나는 종종 큐레이션 서비스를 이용한다. 최근에 배달된, 흰 끈으로 정성스레 묶인 커다란 흰색 상자에는 체크무늬 남방과 니트 카디

건, 베이지색 면바지가 가지런히 담겨 있었다. 여가 시간에 입을 편한 옷들이었다.

온라인 패션업체의 스타일링 컨설턴트가 나를 위해 골라준 옷들이었다. 물론 몇몇 유형 가운데 고객에 맞는 스타일의 옷을 보내주는 것이겠지만, 꽤 맞춤한 선택이기에 그냥 맡길 수 있다.

이것이 큐레이티드 쇼핑curated shopping이다. 이를 이용하면 시간을 내서 쇼핑몰에 가 이것저것 고르고 비교하는 수고를 생략할 수 있다. "내일 뭐 입지?" 하는 고전적인 딜레마를 누군가가 대신하고, 결과물만 제공받는 것이다. 그 결과물이 마음에 든다고 전제하면 얼마나 실용적인가! 옷을 고르고 구입하는 데 드는 시간과 에너지를 다른 곳에 쓸 수 있으니 말이다.

다른 분야에서도 큐레이션의 비중이 높아지고 있다. 음악도 그렇다. 듣고 싶은 음반을 음반가게에서 구입할 수도 있지만, 오래전부터 사용자의 취향에 맞는 플레이리스트를 제공해주는 스트리밍 서비스가 인기다. '좋아요'와 '싫어요' 버튼으로 음악 취향을 세심하게 파악할 수 있다. 그 외에도 '가을 느낌'이나 '뉴욕 바 칠아웃New York Bar Chillout' 같은 멋진 제목이 붙은 큐레이션 앨범은 사용자의 정서에 적합한 음악을 공급해달라고 결정을 위임하는 행위다. 이와 비슷한 수많은 큐레이션 및 서브스크립션subscription 서비스가 있다.

화장품 분야의 경우 글로시박스, 채소를 전문으로 하는 잔만, 식재료의 경우 헬로프레시가 이런 서비스에 앞장서고 있다. 정장용 양말을 보내주는 블랙삭스도 있다. 다이어트를 시작하는 사람에게 주

단위로 식단을 짜주는 서비스도 있다. 그러면 지인이 도와주든, 트레이너가 감독하든 간에 아침, 점심, 저녁에 무엇을 먹어야 하는지 명시된 식단이 주어진다. 소비자는 계획표를 무조건 따르기만 하면 된다.

그러나 정작 여기에 왜 우리는 결정을 위임하는가에 대한 질문은 빠져 있다. 첫번째 이유는 명백하다. 굉장히 편해서다. 특히 눈코 뜰 새 없이 바쁜 직장인들이 이러한 서비스를 선호한다. 퇴근한 뒤 북적이는 슈퍼마켓에 겨우 차를 대고 사람들 사이를 비집고 들어갔는데 원하는 물건이 다 팔려서 짜증내는 대신, 맞춤 채소를 배달시키면 저녁에 친구들과 느긋하게 신선한 요리를 즐길 수 있다.

그러나 결정을 위임하는 이유가 시간과 노력을 아낄 수 있기 때문만은 아니다. 전문성 면에서도 그렇다. 때로 우리는 결정에 자신 없어한다. 전혀 모르는 분야라면 더욱 그렇다.

나는 3주간 캘리포니아를 여행한 적이 있다. 해안도로인 1번 국도를 따라 샌프란시스코에서 빅서, 샌타바버라, 로스앤젤레스를 거쳐 멕시코와 국경을 맞대고 있는 샌디에이고까지 이르렀다. 꿈꿔온 여정이었지만 그만한 대가도 치러야 했다. 캘리포니아에서는 괜찮은 수준의 식사를 하려면 아주 비싸다. 그러므로 현지인 친구가 없다면 우연에 기대거나 무료 와이파이에 의지해야 한다.

다행히 캘리포니아에서는 무료 와이파이를 쓸 수 있는 곳이 많다. 자, 그러면 이제 구글맵이나 옐프Yelp가 도와줄 것이다. 옐프는 일종의 리뷰 사이트로 사용자들이 이용해본 업체에 대한 사용후기를 남기는 크라우드 소싱 방식으로 전문성을 확보한 프로그램이다. 모퉁이 식당의 음식이 아주 훌륭하다고 평가한 사용자가 63명이라면, 그 식당 음식은 최소한 그리 나쁘지는 않을 것이다. 또한 식당으로 가는 지도까지 앱에서 친절히 안내해준다.

환자가 의사의 말을 신뢰하고, 아이가 부모의 말을 신뢰할 때와 마찬가지로, 다른 사람들의 말을 귀담아 듣는 것은 좋다. 다른 사람의 지식이나 경험에서 도움을 받을 수 있어서다. 그러나 혼자였다면 선택하지 않았을 선택지를 택하는 일도 일어난다. 일례로 '블라인드 바'라는 쾰른의 레스토랑에서는 깜깜한 어둠 속에서 음식을 먹는다. 듣고, 냄새 맡고, 맛보고, 음미한다. 닭고기로 할지, 쇠고기로 할지, 생선으로 할지, 채식으로 할지만 정하면, 나머지는 요리사 맘대로다. 접시에 담겨 나오는 음식을 눈으로 확인하지 못한 상태에서 먹을 때의 그 놀라움이란. 물론 대부분 굉장히 긍정적인 반응을 보인다. 밝은 불빛 아래서는 결코 주문하지 않았을 음식을 즐기게 된다.

하지만 결정을 위임하는 건 자신의 신뢰도 함께 떨어뜨릴 위험이 있다. 그러므로 조심스럽게 이루어져야 한다. 믿고 결정을 위임할 만한 사람은 어떤 사람일까? 캘리포니아 주립대학 심리학과 교수인 로버트 레빈은 그들의 특성으로 다음 세 가지 요소를 제시하였다.

1. **전문성** 자신의 분야에 대해 확실히 아는 사람이라야 한다. 가령 의사라면 자기 분야에서 전문지식을 갖춰야 한다. 한편 태도도 중요하다. 주체적이고 자신감 있는 사람에겐 신뢰가 간다. 당

신의 눈을 쳐다보면서 망설임 없이 최상의 제안을 하는 사람과 그냥 우물쭈물 불분명하게 중얼거리는 사람 중 누가 더 믿음직한가? 말해봤자 잔소리라고? 법정을 대상으로 한 연구에서도 결과는 유사했다. 재판부는 자신감 있는 태도로 또박또박 발언을 하는 증인을, 망설이는 태도로 자신감 없게 더듬거리는 증인보다 단연 더 신뢰했다. 하지만 그렇기에 자신 있는 태도를 약간 경계할 필요도 있다. 자신 있는 태도가 사실은 허풍일 수도 있기 때문이다. 무엇보다 옷차림이나 교양 있는 말투 같은 신분을 상징하는 요소가 능력의 부족함을 가릴 수도 있다. 이런 점을 늘 염두에 두라.

2. 정직성 신뢰에는 회색지대가 없다. 믿을 수 있는 사람, 믿을 수 없는 사람 둘 중 하나다. 정직성, 도덕성, 솔직성이 신뢰의 전제다. 이런 요소가 흔들리기 전까지 우리는 상대를 신뢰한다. 가령 옷가게에서 옷을 입어볼 때 우리는 잘 어울린다는 판매원의 칭찬을 곧이곧대로 믿고 싶어한다. 자동차 영업사원이 자신의 커미션만 생각하는 것이 아니라, 우리에게 맞는 자동차를 찾아주려고 진심으로 애쓴다고 믿는다. 이는 빨리 결정을 내리고 싶어서이기도 하다. 불신을 기본 전제로 삼는다면 그에 따른 시간 낭비와 통제비용은 어마어마하게 커진다. 신뢰하면 많은 일들이 수월하고 신속해진다. 하지만 누군가 우리를 속이고 있다는 의심이 굳어지면 신뢰는 단번에 금가버린다. 한번 금간 신뢰는

회복이 쉽지 않다. 위 사례에 언급한 옷가게 직원과 자동차 딜러가 다음번에 정말 많은 노력을 기울이더라도, 더이상 그들을 믿을 수 없게 된다.

3. 호감 레이건이 대통령에 입후보했을 때, 홍보 담당자가 그에게 이런 조언을 했다. "후보님이 개인적 의사소통능력을 갖춘다면, 호감을 주는 후보가 되실 수 있습니다." 호감을 주는 사람은 어떤 사람일까? 사회심리학자들은 호감을 일종의 자기충족적 예언이라고 이야기한다. 상대가 우리를 좋아할 거라고 믿으면 자연히 더 따뜻하고 친절하게 상대를 대하고, 그러다보면 정말로 상대가 우리를 더 좋아하게 된다고 한다. 여유로운 미소, 따뜻한 악수 같은 작은 제스처만으로도 호감을 불러일으키는 데 충분하다. 우리는 비슷한 구석이 있는 사람에게도 호감을 느낀다. 꼭 성격이 비슷할 필요는 없다. 그냥 우연한 무언가라도 충분하다. 샌타클래라 대학의 제리 버거 교수의 연구에 따르면 이름이 같거나 생일이 같은 사람이 부탁하는 경우 사람들은 그 부탁을 더 흔쾌히 들어준다. 그러므로 호감을 사려는 사람들은 의도적으로 작은 유사점이라도 찾아낸다. 판매사원이 자신의 아이들도 당신의 아이들 또래라거나, 당신과 동향인 누군가를 안다고 반가움을 표현했던 적이 있을 것이다. 그러면 당신은 그에게 더 호감을 갖고 더 신뢰하게 된다.

이런 세 가지 기준—전문성, 정직성, 호감—에 따라 결정을 위임하면 편하다. 하지만 모든 기준은 그 자체로 조작 또는 호도당할 위험과 리스크도 안고 있다. 어쨌든 이 세 기준 중 여러 요소를 갖춘 사람일수록 잘못될 위험이 낮다. 그러므로 상대방에게 호감이 간다고 해서 결정을 위임하는 것은 대단한 모험이다.

위임을 해도 지혜롭게 해야 한다. 자신의 결정을 전가하는 것이 일을 수월하게 만들기는커녕 짐이 될 수도 있기 때문에 충분히 준비한 후 결정을 위임해야 한다. 양말을 고르든, 식재료를 주문하든, 직업에서 일과 책임을 분리하든 다음 사항을 유의하라.

• 적임자 선정

일을 피하고 없애는 것이 아니라, 최상의 결과를 낼 만한 사람에게 위임하는 게 목표다. 여기서 종종 목표갈등이 생긴다. 최고의 결과를 낼 만한 외부인을 고용하는 데는 대부분 비용이 많이 들고, 사내에서 일 잘하기로 소문난 사원은 늘 일거리에 치여 허덕이기 때문이다. 이 경우 주어진 금전적, 시간적 예산과 가능한 적임자 사이에서 숙고해야 한다.

• 이상적인 타이밍

텔레비전 광고에서 흔히 나오는 장면이 있다. 퇴근시간을 코앞에 두고 상사가 다가와 서류 한 뭉치를 책상에 던진다. 당연히 당장 내일까지 해결해야 하는 일들이다. 맙소사. 하지만 여기서도 배울 점이 있다. 계속 붙들고 있다가 마지막 순간에 일을 위임하는 것은 좌절만 안기고, 실수만 양산할 따름이다. 위임하는 자신에게도 약간이라도 시간적 여유가 있을 때 뭔가를 넘겨주는 편이 더 낫다.

• 기한을 설정하라

일정과 데드라인을 명시하는 것이 적절한 결과나 결정이 도출되는데 도움이 된다. 더 세부적일수록 결과는 더 좋아진다. 종종 당신이 개입되지 않은 상태에서 은밀하게 완충 역할을 해줄 사람을 끼워넣는 것도 좋다.

• 자유를 보장하라

위임했다면 이제 그 결정을 고수해야 한다. 특정한 결과를 기대할 수는 있겠지만 결과에 이르는 방식에 대해서는 열린 태도로 임해야 한다. 작업 방식은 사람마다 다르다. 모든 과정에 끼어들어 이래라저래라하는 건 위임이 아니라 지시에 불과하다.

10장

직감에 귀기울여라

직관은 곧 경험이다

20세기 최고의 펀드매니저 조지 소로스는 젊은 시절 5000달러만 든 채 미국으로 건너왔다. 헝가리 출신의 이 투자자는 고위험 투자로 유명세를 얻었고, 1992년에는 영국 파운드화를 공격해 10억 달러 이상의 이윤을 챙겨 세계적인 주목을 받았다.

유럽 통화체계의 약점을 이용한 전략이었다. 당시 유럽연합 국가들은 회원국 간 기본환율을 고정하는 환율조절 메커니즘ERM을 운영하고 있었고, 환율 변동은 정부 개입으로 이루어졌다. 당시는 독일 통일로 독일 연방은행이 2년 동안 열 차례나 금리를 인상하던 시기였다. 자연히 마르크화가 강세였고 영국중앙은행 또한 파운드화의 가치를 방어하기 위해 금리를 인상할 수밖에 없었다. 소로스는 100억 달러를 들여 영국 파운드화를 집중 투매해 독일 마르크화를 샀다. 1마르크당 0.36파운드의 환율이었다.

2주 뒤 그는 다시 독일 마르크를 파운드로 바꾸었는데, 그사이 파운드화가 급락하여 1마르크당 0.40파운드를 받을 수 있었다. 그는 단번에 10억 달러나 되는 이윤을 챙겼고, 영국중앙은행을 굴복시켜 영국정부의 유로화 전환 계획을 포기하게 만들었다. 소로스의 전략은 중앙은행을 상대로는 투기하지 않는다는 불문율을 뛰어넘은 행동이었으며, 이로써 그는 전설이 되었다.

조지 소로스는 이런 굵직굵직한 판단을 어떻게 내렸을까? 그를 억만장자로 만든 것은 통계, 분석, 예측이 아니라 그의 '등'이었다. 농담이 아니다! 소로스는 젊은 시절부터 아들에게 어디에 투자하는 것이 좋고, 언제 사고파는 것이 이상적인지를 가르쳤다. 하지만 아들은 아버지의 강의에 현혹되지 않았다. 아들은 아버지가 등이 아플 때마다 투자 포지션을 변경했다는 사실을 알고 있었던 것이다.

등이 아프다고 하여 외화를 팔아치우는 건 물론 이성적인 접근 방식이 아니다. 따라 하라고 추천할 만한 방법도 전혀 아니다. 그러나 이는 우리가 흔히 말하는 직감에 따른 결정이다. 조지 소로스는 신체 어느 부위에 이상을 느끼는 증상으로 시장의 변화를 예측했다. 남들처럼 배가 아픈 게 아니라 등이었을 뿐.

이런 경험을 하는 사람들이 많다. 그들은 느낌을 감지한다. 모호한 직감이 명백한 몸의 신호로 나타난다. 특정 신체 부위가 아픈 사람도 있고, 발이 차가워지거나, 구토 증세를 보이는 사람도 있다. 반응은 천차만별이다. 그러나 이 모든 신호는 잘못됐다고 판단한 결정을 행동에 옮기지 않도록 경고하는 잠재의식의 신호다.

심리학자 게리 클라인의 연구에 따르면 응급의사, 소방대원, 구조요원 등 '영웅잠재력'을 발휘해야 하는 직업군의 사람들은 늘 해야 하는 어려운 결정 상황에서 80퍼센트는 직감에 의존한다.

직감, 즉 육감은 사태를 파악하게 하고, 감각적 인지로 패턴을 알아채고, 감각적 인상을 그동안의 경험과 비교하여 결정을 내려야 할 때 그 판단을 우리의 잠재의식으로 흘려보낸다. 클라인은 위에서 언급한 직업군 종사자들이 생사를 가르는 상황에서 어떤 방식으로 결정 내리는가를 연구하기 위해 구급차에 동승했다.

새벽 3시 21분 구조대에 비상호출이 왔다. 근처 주택에서 일어난 사고였다. 한 남자가 사다리에서 떨어져 부상을 당했다. 5분 뒤 구조대가 사건현장에 도착해보니 거실에 남성이 피범벅이 된 채 쓰러져 있었다. 전등을 달려다가 미끄러져 등뒤 창문을 통해 바깥마당으로 추락했다고 했다. 깨진 창문 유릿조각에 팔이 찢어져서 출혈이 심했다. 응급의사는 사태를 순식간에 파악했고, 과다출혈로 생명이 위급한 상태라고 결론 내렸다.

응급의사는 침착하게 대원들에게 일단 최대한 지혈하고, 병원으로 옮길 것을 지시하고는 안절부절못하는 부인을 안심시켰다. 이 모든 조치가 별다른 망설임 없이 자연스럽게 이루어져, 게리 클라인처럼 제3자에게는 마치 정확히 짜인 대본대로 행동하는 듯했다. 나중에 클라인이 응급의사에게 스트레스 상황에서 무엇을 해야 하는지를 어떻게 아느냐고 묻자, 의사는 어깨를 으쓱하며 그냥 '경험상' 안다고 대답했다. 소방관, 파일럿, 응급의사, 구급대원 등은 급박한 상황에서 자신이 어떻게 그런 결정을 하는지 (딱히 뭐라고) 이성적으로 설명하지 못했다. 경험과 직감에 의존하여 직관적으로 행동한다고 대답할 뿐이었다.

하지만 직관을 따르면 어떻게 될까? 임의로 결정하게 될까? 전혀 그렇지 않다. 오히려 직관을 따를 때 우리는 무의식상의 지식을 활용한다. 체코의 과학사학자 비트 트레비키가 이를 밝혀냈다.

트레비키 팀은 인간이 타인을 어떤 방식으로 평가하는지 연구했다. 진화적 관점에서 이는 굉장히 중요한 생존전략이다. 타인의 위험성을 잘 파악하면 더 신속하게 대처 가능하고, 손해를 피하거나 심지어는 목숨을 건질 수 있기 때문이다.

실험 참가자들로 하여금 타인의 공격성을 평가하도록 했다. 참가자들은 얼굴만 보고 공격성을 점쳤다. 눈썹이 진하고, 턱이 넓적하고, 코가 큰 얼굴을 공격적이라고 여겼다. 물론 실험 대상자들은 이를 직관적으로 판단했을 뿐, 왜 그 사람을 공격적이라고 평가했는지 이성적인 이유를 대지는 못했다. 연구팀은 특정 신체적 특징을 보면 우리 몸에 위험 신호가 울리도록 되어 있는 게 틀림없다고 결론지었다.

순간적으로 두뇌가 자동으로 결정하는 것이다. 의식적인 숙고는 없다. 뭔가 느낌이 좋거나, 그렇지 않거나…… 그에 따라 행동한다. 언뜻 보면 상당히 단순한 메커니즘 같다. 하지만 의식 아래서는 상당히 많은 일이 벌어진다.

게리 클라인과 대화했던 응급의사는 즉흥적으로 대답했지만 정곡을 찔렀다. 그렇다. 바로 경험이 직관을 이해하는 열쇠다. 직감에 따르는 사람은 결국 어마어마한 경험의 보고를 활용하는 셈이다. 지금까지 축적된 모든 경험이 간접적으로 직관적인 결정에 녹아든다. 그리고 경험은 우리가 단시간에 의식적으로 분석하고 정리할 수 없을 정도로 많다.

한 걸음 물러서 두뇌가 정보를 어떻게 처리하고 저장하는지를 살펴보자. 첫 키스, 첫 운전, 대학이나 새 직장에서의 첫날 등 우리의 모든 경험은 일단 단기 기억으로 들어온다. 그리고 몇 분 지나지 않아 이런 정보들은 장기 기억으로 이동하거나 잊힌다.

기억의 문지기인 해마는 저장할지 망각할지를 결정한다. 이때 정보 저장 여부를 판단하는 데 무엇보다 결정적인 영향을 미치는 요소가 바로 감정이다. 강한 감정을 동반했던 정보는 기억에 머문다.

가령 은색 자동차는 너무나 많아서 당신이 본 모든 은색 자동차를 일일이 기억하기란 불가능하다. 방금 전에 보았다 해도 시선을 돌리는 순간, 그 차가 어떤 브랜드의 어떤 모델이었는지 더이상 기억이 나지 않는다. 반면 당신의 첫 자동차라면 이야기는 달라진다. 첫 차를 사기 위해 오랫동안 저축했고 여러 모델을 물색한 뒤, 드디어 차 열쇠를 손에 들었을 때의 그 흥분, 그 해방감. 이 모든 감정이 그 자동차를 기억 속에 꼭꼭 남겨둔다. 그래서 이삼십 년이 지나 자동차를 바꾸고 한참 지났음에도 우리는 첫 차를 잊지 못한다. 늘 같은, 좋은 감정으로 말이다.

장기 기억에 저장되는 정보는 동시에 뇌를 변화시킨다. 기억은 정보를 분류하고 저장하고 다시금 불러오는 능력이자 우리 두뇌의 다양한 영역을 잇는 복합적인 네트워크다. 수천억 개의 신경세포가 감각기관에서 두뇌로, 두뇌에서 감각기관으로 정보를 전달한다. 우리가 뭔가를 입력하면 다양한 신경세포 사이에 연결고리가 생긴다. 신경 말단에서 자극을 전달하는 시냅스들 사이에 말이다.

새로 도착한 정보들을 반영해 신경세포들이 새롭게 연결되며, 기존의 연결 중 사용하지 않는 정보들은 변경된다. 이런 작업은 거리 정비와 비슷하다. 사고가 잦고, 통행이 적은 거리는 새로운 거리로 대치된다.

신경 연결이 얼마나 잘 기능하는지는 자극의 강도에 따라 달라진다. 강한 자극에서는 시냅스도 강해지고 전달력도 커진다. 정보 전달의 고속도로가 생겨나는 셈이다. 긍정적인 감정이든 부정적인 감정이든, 감정은 그런 도로의 아스팔트다. 그러나 두뇌 작업에서 새로 도착한 정보들을 분류하는 일뿐만 아니라, 그 정보들을 저장하는 방식 자체도 꽤나 독특하다. 순수 정보만이 아니라, 그 순간의 분위기와 정황도 함께 저장된다.

의도적이지는 않지만 우리 두뇌는 많은 감각적 인상들을 함께 저장한다. 가령 어릴 적 수영장에서 붉은 설탕 시럽을 입힌 딸기맛, 바닐라맛 아이스바를 팔았다고 해보자. 입안에 침이 고인 채 아이스바를 사려고 줄을 섰다면, 어른이 되어 슈퍼마켓의 냉동고만 쳐다봐도 그 시절이 떠오를 것이다.

당신의 시각피질에 더운 여름날이라는 키워드로 저장된 이미지는 수영장의 아이스크림, 미끄럼틀, 시끄러운 호각 소리다. 어떤 기억을 불러올 때의 경로는 저장될 때의 경로와 같다. 그래서 기억은 그 냄새 맡고, 보고, 듣고, 만지는 것과 다름없다.

우리가 해변가에서 주워온 조개껍데기나 어린 시절 갖고 놀던 테디베어를 버리지 않고 간직하는 것도 그 때문이다. 이런 물건들은 행복했던 순간들을 다시 떠올리게 하고 경험하도록 해준다. 소소하고 일상적인 사물이 불러일으키는 기억이란 자못 놀랍다.

한편, 데이터에 가장 많이 저장된 경험은 바로 실수다. 우리는 일생 시행착오를 거듭하면서 나만의 실수 경보 시스템을 만들어나가고, 그로써 판단력을 훈련한다. 독일 작가 슈테판 자레크의 말처럼 "우리가 저지른 실수들은 앞으로 우리가 저지를 실수를 피하기 위해 해야만 했던 경험들이다".

1990년대에 이미 신경학자들은 두뇌가 실수를 발견하고, 수정하고, 그로부터 습득하는 데 1초도 걸리지 않는다는 사실을 발견했다. 오늘날에는 에릭센 플랑커 과제Eriksen Flanker task를 이용해 우리가 실수를 저지를 때 어떤 신경 메커니즘이 작동되는지를 관찰할 수 있다.

에릭센 플랑커 과제에서 실험 대상자들은 가령 SSSSS 또는 SSHSS라는 철자열이 모니터에 뜨면, 가운데에 어떤 철자가 놓이는지를 보고 'S'자인 경우는 왼쪽 단추를 누르고, 'H'자인 경우는 오른쪽 단추를 눌러야 한다. 하지만 시간 제한으로 압박이 심한 데다, 양옆의 철자들 때문에 헷갈려 실수를 하기 쉽다.

이 과제 시 실험 대상자들은 MRI기계에 들어가 있는데, 이를 통해 실험 대상자들이 실수를 인지할 때 두뇌의 어느 영역이 활성화되는지 확인 가능했다. 활성화되는 뇌 영역이 컴퓨터 모니터 화면에 색깔로 표시되기 때문이다.

이때 우리 두뇌에서 일어나는 일들은 상당히 놀랍다. 실수를 저지르면 두뇌 속의 보상 호르몬이자 행복 호르몬인 도파민의 분비가 갑자기 중단된다. 이런 신경화학적 신호는 대뇌피질로 전달되어 다음과 같은 메시지를 받게 된다. "잠깐! 뭔가 이상해." 여기에 대처하기 위해 실험 대상자는 다른 단추를 눌러 뒤늦게야 올바른 답을 한다.

그러나 실험 대상자는 실수를 수정만 하는 게 아니라, 다음 철자열부터는 반응시간을 약간 늘린다. 실수를 저지른 뒤 약간 시간적 여유를 두고 대답을 하는 것이다.

감정 시스템은 실수를 징벌로 느낀다. 매 행동에서 두뇌는 그 결과를 평가하고 보상을 정한다. 에릭센 플랑커 실험에서 올바른 단추를 누르면 도파민이 분비되고, 응답자는 기뻐한다. 올바른 답을 하면 보상이 주어지고, 틀린 답을 하면 아무런 보상도 없는 것이다.

정말 놀라운 일은 실험 대상자가 잘못된 답을 할라치면, 그 직전에 두뇌가 원하던 정보와 도착한 정보의 불일치를 감지하고 알람을 울린다는 사실이다. 바라던 보상을 받지 못할 거라 예상하기 때문이다. 그렇게 실험 대상자는 경고를 받는다.

에릭센 플랑커 실험에서 일어나는 일은 모든 결정 상황에서 일어난다. 사고 기관은 우리의 행위를 보상과 비교하고, 잠재의식은 어떤 결정이 성공할지 실패할지를 살피며 실수를 막기 위해 우리에게 경고한다. 그게 바로 직감이다.

직감에 귀기울여라

우리의 직감이 특정 상황에서 어떻게 발현되는지를 단번에 이야기할 수 있는 사람은 거의 없다. 하지만 몸이 보내는 신호를 알아두면 결정을 해야 하는 상황에서 이를 의식적으로 고려할 수 있다. 따라서 시간적 여유를 가지고 신체가 보내는 다양한 신호들과 친숙해져라.

한번 연습해보자. 다음 표에 다양한 상황이 나와 있다. 목록을 살펴보면서 그런 상황에서 당신 몸에서 어떤 변화가 일어나는지를 옆 칸에 기입해보자. 각 상황마다 짧게 생각 여행을 떠나보자. 비슷한 상황을 경험했던 적이 있는가? 다시 한번 그 순간으로 돌아가 어떤 감정이었는지 관찰해보자. 이런 감정은 어떤 신체 반응으로 나타나는가? 몸이 더워지는가, 추워지는가, 아니면 목덜미에 긴장감이 느껴지는가?

일단 그냥 관찰만 하는 게 중요하다. 반응에 대해 평가하지 말라! 좀 여유로운 때를 택해 실행해보라. 그러면 상황을 떠올리기가 좀더 쉬울 것이다.

자신만의 속도로 진행하라. 도표에 나온 모든 상황을 한꺼번에 떠올려볼 수도 있다. 하지만 연습에 많은 시간을 할애하기가 힘들면, 한 항목만 해보고 넘어가도 좋다.

상황	신체 신호
파트너가 당신에게 맛있는 아침을 만들어준다.	
치과 예약을 해둬서 내일 치과에 가야 한다.	

출근 시간에 기차가 연착되더니 아예 오지 않는다.	
아침에 욕실에서 양치를 하는데 벽에 붙어 있는 거미가 눈에 띈다.	
상사에게 일을 잘 처리했다고 칭찬을 받았다.	
힘든 하루를 보내고 집에 와서 뜨거운 목욕물에 몸을 담근다.	
여름에 시원한 카페에 앉아 아이스크림을 먹는다.	
우편물 사이에 적지 않은 연체료가 붙은 전기요금 청구서가 들어 있다.	
고용주가 여러 명의 직원을 해고할 거라고 말했다. 당신도 그 명단에 포함될 수 있다.	

일자리를 잃을 거라는 생각에 목이 콱 막혀오는가? 심장이 콩닥거리는가? 포르투갈의 뇌과학자 안토니오 다마지오는 이런 신체 신호를 소매틱 마커somatic marker, 즉 신체 표지라고 부른다. '소매틱'은 신체를 뜻하는 그리스어 '소마soma'에서 유래한 말이다.

다마지오는 『데카르트의 오류』라는 저서로 유명해진 학자다. 17세기 초 프랑스의 철학자이자 수학자 르네 데카르트는 근대 철학의 아버지로 불리며 "나는 생각한다. 고로 나는 존재한다cogito ergo sum"라는 유명한 말을 남겼다. 데카르트는 중세의 신화를 청산하고, 논증에 기초한 합리주의 철학을 새로이 정립하려 했다.

"젊은 시절 내가 얼마나 잘못된 생각을 했었는지, 그런 생각을 토대로 이룬 모든 것이 얼마나 의심스러운지를 깨달았다. 그래서 한번은 모든 것을 근본적으로 수정하고, 처음부터 토대를 다시 놓아야 한다는 걸 알았다."

데카르트는 『성찰록』에 적은 바와 같이 새로운 토대를 물색했는데, 그 과정에서 감각적 인상, 경험, 신조(도그마) 등 모든 것을 의심했다. 그러고는 생각하는 자기 자신이 곧 출발점이라는 인식에 도달했고, 이를 "나는 생각한다. 고로 나는 존재한다"라는 문장으로 정리했다. 데카르트는 그렇게 이성을 특별히 중시했는데, 이런 태도에는 직감에 대한 거부가 깔려 있다.

다마지오는 그것을 데카르트의 실수라고 말한다. 다마지오는 감정을 거추장스럽게 여기면서 이성적 사고를 감정보다 우위에 놓는 건 잘못이라고 본다. 감정을 담당하는 두뇌는 훨씬 더 신속하게 방향을 결정한다. 다마지오는 결정을 가능케 하는 건 감정이라고 굳게 확신한다. 그건 무엇보다 두 남자—발파 작업 전문가와 비즈니스맨—의 사례 때문이었다.

1848년 피니스 게이지는 미국 버몬트주 철도 공사 현장의 발파반 주임으로 일하고 있었다. 당시 미국 북서부를 관통하여 철로를 놓는 작업이 한창이었고, 피니스 게이지는 계획된 노선을 따라 일꾼들이 바위에 구멍을 뚫으면 그곳에 화약을 채워 도화선을 밀어넣고, 구멍을 모래로 막았다. 폭발 압력이 바닥을 향해 발파가 성공적으로 진행되기 위해서는 쇠막대기로 세심하게 모래를 다져넣어야만 했다.

게이지는 스물다섯의 젊은 나이에 숙련된 발파 전문가가 되었고, 일찌감치 발파반의 반장이 되었다. 1848년 9월 13일 사고 직전까지는 말이었다. 동료 일꾼들 때문에 한눈을 팔았거나, 피곤했거나, 아니면 다른 생각을 했을지도 모른다. 모든 게 평소와 같다고 판단한 그는 구멍에 모래를 다져넣지 않고서 쇠막대기로 다이너마이트 위를 두드렸다. 엄청난 실수였다. 그 순간 쇠막대기가 바위를 긁으면서, 불꽃이 튀어 쾅 소리와 함께 다이너마이트가 폭발했고, 늘 휴대하던 무게 7킬로그램, 두께 3센티미터, 길이 2미터의 쇠막대가 그의 오른쪽 앞머리를 관통한 후 날아가버렸다.

모두들 게이지가 죽었을 거라고 생각했다. 하지만 놀랍게도 그는 살아남았다. 그리고 연락을 받고 황급히 달려온 의사에게 "애 좀 써야겠습니다. 선생님"이라고 말했다. 이 사고로 게이지는 한쪽 눈을 잃었다. 그 외에는 괜찮아 보였다. 지적인 면에서도 별 이상이 없었다. 그럼에도 사건 이후 그는 불행한 삶을 살 수밖에 없었다.

그의 담당 의사 존 마틴 할로는 "친구들은 그가 더이상 예전의 게이지가 아니라고 한다"라고 적었다. 유쾌하고 사교적이었던 피니스 게이지의 성격은 사고로 완전히 바뀌어버렸고 친구와 동료들은 그에게 등을 돌렸다. 결국 철도회사의 일자리를 잃고, 이런저런 일자리를 전전하며 장터에 모인 사람들에게 자신의 머리에 난 구멍을 구경시켜주며 생계를 이어가다가, 서른여덟 살의 이른 나이에 사고 후유증으로 사망하고 말았다.

다마지오와 그의 아내 한나는 이 사건을 상당히 주목했다. 피니스가 사망한 뒤 그를 치료했던 의사가 유가족을 설득해 두개골을 보존해놓아 다행이었다. 100년 후 한나 다마지오는 레이저 기술을 활용해 피니어스의 두개골을 측정했고 컴퓨터로 두개골을 복원해냈다. 쇠막대기로 두뇌의 어떤 부분이 손상되었는지를 확인한 결과, 게이지의 두뇌에서 손상된 부위는 바로 감정을 담당하는 부위(복내측 전전두엽)였다.

엘리엇 스미스도 이와 비슷한 운명을 겪었다. 그는 어느 날부터인가 극심한 두통을 호소했다. 직장동료들 역시 엘리엇이 점점 실수가 잦아지고 어려운 과제를 해결하지 못하자 이상하게 여겼다. 진단 결과 그의 이마 바로 뒤쪽에 거의 테니스공만한 종양이 발견됐다. 이에 종양과 함께 전두엽의 일부를 들어내는 수술을 시행했다. 수술은 성공했으나 스미스는 더이상 예전 모습이 아니었다. 굉장히 산만해졌고, 일에도 집중하지 못했다. 어떤 과제를 시작해도 그 일을 제대로 마치지 못했다. 결국 그는 회사에서 해고당했고, 이런저런 사업에 손을 대다가 저축한 돈마저 다 날리고, 결혼생활마저 파경에 이르렀다.

바로 이 시점에 스미스를 알게 된 다마지오는 스미스를 진단하려 했다. 가장 먼저 눈에 띈 점은 스미스가 굉장히 냉담하다는 것이었다. 많은 시간을 할애하여 상담을 하고 대화하는 중에도 그는 결코 슬퍼하거나, 화를 내거나, 즐거워하거나, 짜증을 부리지 않았다. 파국에 이른 결혼생활을 이야기할 때에도 스미스는 마치 남의 일인 양

말했다. 익사한 사람의 사진이나 화재로 활활 타오르는 집의 사진을 보여주어도 전혀 동요하지 않자, 다마지오는 스미스가 완전한 무감정 상태에 이르렀다고 판단했다.

"당신은 알기는 하지만, 느끼지는 못하는군요." 획기적인 진단이었다. 그로부터 얼마 지나지 않아 다마지오는 감정능력 결핍이 결정에 어떤 영향을 미치는지를 보여주는 카드놀이 실험을 했다. 이 카드놀이는 훗날 아이오와 도박과제Iowa gambling task라 알려졌다.

다마지오가 조교인 앤트완 베카라와 함께 고안한 이 놀이에서 피험자들은 파란색 카드 두 더미, 초록색 카드 두 더미, 이렇게 총 네 더미에서 카드를 뽑았는데, 각 카드에는 상금과 벌금이 적혀 있었다. 이 실험에서 파란 카드는 고수익 고위험, 즉 따는 금액도 많지만 잃는 금액도 많았고, 초록 카드는 저수익 저위험, 즉 따는 금액도 적지만 잃는 금액도 적게끔 설정되었다(평균 이득은 초록 카드가 파란 카드를 웃돌았다). 50회 정도 카드를 뽑은 다음 피험자들은 어느 색깔의 카드를 뽑는 것이 더 나은지, 왜 그런지를 파악했다.

그런데 다마지오는 피험자들이 이를 의식하기 훨씬 전에 이미 어떤 카드를 뽑아야 할지를 무의식적으로 알아차린다는 사실을 발견했다. 감정을 담당하는 뇌 부분이 손익을 통해 빠르게 학습했기 때문이다. 그래서 어떤 더미가 좋은지를 알아차리기 전부터 일반 피험자들은 파란 카드를 뽑기를 꺼렸다. 직감이 경고 신호를 보냈기 때문이었다. 피부 반응을 연구한 결과 10회 정도 카드를 뽑고 나서는 나쁜 카드를 뽑기 전에 손바닥에서 땀이 났다.

하지만 게이지나 스미스처럼 두뇌가 손상된 환자들은 카드를 100회 이상 뽑은 뒤에도 어떤 더미가 위험한지를 알아차리지 못했다. 직감이 결여된 이들을 학자들은 오늘날 '직관맹'이라 부른다. 다마지오는 나중에 자신의 책 제목을 『데카르트의 오류』라고 붙이고 여기서 데카르트의 명제를 수정해서 "나는 느낀다. 그러므로 나는 존재한다"라고 말했다.

덴마크 오르후스 대학의 야코브 셰르손은 직감이 얼마나 강력한 영향력을 지니는지를 확인했다. 심지어 양자역학을 연구하는 과정에서 관찰한 결과였다. 셰르손 팀은 원자의 에너지 상태를 바꾸지 않으면서 원자의 위치를 이동하려 했고, 그러려면 특정 속도가 필요하다는 사실을 알고 있었다. 하지만 정작 어느 정도의 속도여야 하는지는 알지 못했다. 그래서 컴퓨터에 이상적인 이동 방법에 대한 각종 데이터를 입력하고는 수학적, 학문적 방법으로 이를 해결하고자 했다. 동시에 컴퓨터 게임 시뮬레이션을 통해 놀면서 (즉 직관적으로) 이 문제를 해결하게끔 해보았다. 놀랍게도 직관적인 방법이 학문적 방법을 능가했다. 게임할 때 더 신속하게 최적의 해결책을 찾아냈다.

직관의 다섯 가지 역할

브레멘의 뇌과학자 게르하르트 로트는 잠재의식상에서는 1초에 몇백만 건의 정보를 처리할 수 있는 반면, 의식상에서는 그중의 0.1퍼센트만을 처리 가능하다고 밝혔다. 다음 상황에서 직관은 특히나 유용하다.

정보 걸러내기 파급 효과가 큰 결정을 내릴 때면 정보를 많이 수집하고, 문제를 세심하게 숙고하는 등 누구나 신경을 많이 쓴다. 하지만 정보가 너무 많으면 결정은 쉬워지기는커녕 더 힘들어진다. 이성적인 방법으로는 혼란을 극복할 수가 없다. 이럴 때 직감은 정보를 걸러내는 역할을 한다.

엇비슷한 대안 중에 선택하기 여러 대안이 있는 경우, 선택지 간 차별화되는 요소가 있다면 결정을 내리기가 쉽다. 하지만 대안들이 서로 비슷비슷해 보이면 이성적인 결정이 힘들다. 그럴 때 이거다 싶은 직관적 선택이 바로 최상의 선택인 경우가 많다.

새로운 해결책을 발견하기 새로운 길을 찾는 사람은 기발한 아이디어를 바란다. 늘 모험을 두려워하지 않고 호기심을 갖는 데서 혁신이 생겨나는데, 그 바탕에 자리한 것이 직관적 충동이다.

적절한 타이밍 감지하기 적절한 시점을 알아채야 할 때도 직감이 도움이 된다. 가령 언제 회사를 옮겨야 하는지는 종종 직감적으로 느낌이 온다(앞날이 막막할지라도 말이다).

비언어적 메시지를 해석하기 커뮤니케이션 중 많은 부분은 비언어적으로 이루어진다. 우리는 표정이나 행동으로 전해지는 메시지를 감지한다. 직관은 서로 호감이 있는지, 그렇지 않은지, 누군가를 신뢰할 수 있는지 없는지를 순식간에 평가한다.

경험을 바탕에 둔 직관은 강하다

로스앤젤레스의 게티 박물관에서 벌어진 일이다. 한 미술상이 박물관에 그리스의 청년 조각상을 천만 달러에 구입하라고 제안했다. 이 정도면 거저라면서 말이다. 하지만 세계의 어느 박물관도 천만 달러의 거금을 그냥 내어줄 수는 없었다. 미술품 담당 감정사는 전자현미경, 질량분광분석, X선 등을 동원하여 이 대리석상이 진품인지를 감정했다.

모든 테스트 결과 진품이라는 결과가 나왔다. 하지만 구입 바로 직전 미술품 감정사들은 뉴욕 메트로폴리탄 미술관의 전 관장 토머스 호빙의 의견을 구했다. 그 조각을 한번 쓱 본 호빙은 위조품이며, 그 미술상인은 사기꾼이라 말했다. 결과적으로 호빙이 옳았다. 그의 본능적인 감각은 무의식적으로 더 많은 표지들을 감지했으며 이성

혹은 그 어떤 기계보다 훨씬 빠르게 작동했다.

물론 이것은 좀 극단적인 예로, 직관이 학문적 분석보다 더 우위라고 말하려는 게 결코 아니다. 중요한 건 직관이 일상의 중요한 조언자가 된다는 점이다. 직관은 본래 복잡한 상황에서 길을 제시해주는 것이다. 너무 많은 선택지와 너무 많은 변수가 우리의 감각을 어둡게 하고, 이성적으로 숙고해봐도 해결되지 않는 상황에서(어떤 파트너와 함께해야 할지, 어떤 직업을 선택해야 할지 등의 고민이 여기에 속한다) 이성적인 숙고는 별 도움이 안 되지만, 직관은 도움이 된다. 물론 그 분야의 전문지식과 경험을 갖췄다는 전제하에서 말이다.

프로골퍼들의 경기 방식을 연구한 시카고 대학의 심리학자 시언 베일록은 시간이 부족할 때 선수들이 외려 최상의 결과를 낸다는 것을 확인했다. 초보 골퍼들의 경우 반대로 생각할 시간이 없으면 경기를 완전히 망쳤다.

베일록의 동료인 게리 클라인 역시 숙련된 간호병과 파일럿, 소방대원, 의사를 관찰하고는 같은 결론을 내렸다. 경험이 많은 사람일수록, 토머스 호빙 전 관장처럼 감정기억에 의한 판단력이 탁월하다고 말이다. 즉 일단 전문성과 경험이 담보되어야 직감이 신뢰를 얻는다.

직관, 이렇게 키우자

아무리 많은 학자들과 전문가들이 직관이 유용하다고 설파한들, 결국 경험을 통해 그 유용성을 확신하게 된다. 일단 몇 번 직감을 통해 탁월한 결정을 내리게 되면 차츰 내면의 목소리를 신뢰하게 된다.

물론 그러려면 일단 직감을 연습하고 훈련해봐야 한다. 마지막으로, 직감을 훈련할 수 있는 몇 가지 방법을 소개한다.

• 즉흥적인 느낌에 주목하라

직감은 단숨에 평가를 내린다. 가령 뭔가를 사려고 판매원과 대화하는 중에 갑자기 뱃속이 불편해져도 많은 사람들은 그 신호를 무시하고 스스로에게 이렇게 타이른다. "판매원의 말이 맞을 거야." 물건을 구매한 다음에야 감언이설에 넘어갔음을 알고 후회하는 경우가 많다. 즉흥적인 느낌을 중요시하라. 그리고 다시 한번 비판적으로 점검하라.

• 소소한 일상에서 연습을 시작하라

아직 직감을 신뢰할 수가 없다면, 일상의 소소한 상황을 활용해 연습해보자. 가령 점심메뉴를 고른다든지, 슈퍼마켓에서 혹은 파티나 회의중에 훈련해보라. 가령 회의에서 가장 입을 먼저 떼는 사람은 누구일까? 파티가 열린 지 한 시간쯤 지나면 한구석에 몰려서 떠드는 사람들은 누구일까? 그런 생각들을 하다보면 시간이 지날수록 예상이 잘 맞아떨어진다는 사실을 알게 될 것이다. 이렇게 사람들과 상황을 직관적으로 바르게 감지하고 평가하는 법을 연습해보자.

• 직감이 맞았던 경우, 맞지 않았던 경우를 떠올려보자

어떤 상황에서 직감을 신뢰할 수 있고, 어떨 때 그럴 수 없는지 감을 잡는 것이 중요하다. 이를 위해 당신이 직관적으로 내린 결정에 만족했던 때를 떠올려보라. 가령 상사와 커피 한잔 하면서 즉석에서 새로운 안을 제시했는데 대화가 긍정적으로 흘러간 적이 있었는가? 당신의 직감이 옳았다는 표시다. 그 상황에서 무엇이 도움이 되었는지 생각해보라. 그러고 직감이 맞지 않았던 경우를 떠올리면서 어떤 상황에서 그랬는지를 생각해보라. 처음 보았을 때 굉장히 비호감이라 느껴졌던 새로운 동료가 알고보니 아주 좋은 친구였을지도 모른다. 이렇게 자주 분석하다보면, 점점 더 예리한 직관을 기르는 훈련이 된다.

? 트롤리 딜레마

정말 까다로운 테스트가 있다. 당신의 직관뿐 아니라 윤리적 판단을 겨냥한 테스트로, 트롤리 딜레마라 불리는 문제다. 이 문제는 오늘날 심리학에서 가장 유명한 사고실험 중 하나로, 영국에서 전철을 트롤리라고 부르는 데서 비롯했다.

다섯 명의 인부가 작업중인 선로를 향해 브레이크가 고장 난 트롤리 기차가 질주하고 있다. 이대로 달리면 인부 다섯 명은 모조리 죽게 된다. 이를 피하려면 마지막 순간에 레일 변환기로 트롤리의 방향을 바꾸는 수뿐이다. 그러나 다른 선로에는 아무것도 모른 채 작업중인 인부 한 사람이 있다. 트롤리의 방향을 바꾸면 인부 다섯 명은 생명을 건지지만, 한 사람이 죽게 된다. 자, 당신이라면 어떻게 하겠는가?

딜레마가 느껴지는가? 다섯 생명을 구하기 위해 한 생명을 희생하는 것이 정당한가를 묻는 질문이다. 많은 사람들에게 이것은—최소한 이론적으로는—눈에 보이는 선택이다. "다섯 사람의 생명이 한 사람의 생명보다 중하다"고 여기는 사람들은 트롤리의 방향을 바꿀 용의가 있다고 말한다. 당신도 그런가?

이제 문제를 좀 꼬아보겠다. 그동안 트롤리 딜레마를 응용한 많은 사고실험이 있었는데, 그중 살펴볼 만한 실험은 빈에서 만든 것이다. 이 실험은 선택에 앞서 피험자들에게 인부들의 신상이 적힌 종이를 나누어주었다는 점이 원안과 달랐다. 특히 혼자 작업중이던 다른 철로의 인부에 대해 피험자들은 더 잘 알게 되었다.

학자들은 인부들의 행동과 생각이 자세히 드러낸 소개글을 구성했다. 인부들 개개인에게 공감하게 만든 뒤 피험자들을 중대한 결정 앞에 세웠다. 트롤리의 방향을 바꿀 것인가, 말 것인가?

이제 내가 무슨 말을 하려는지 알 것이다. 그렇다. 가상 실험에서는 직관적으로 결정을 내리기가 쉽다. 한 명보다는 다섯 명이 중요하다고 느낄지 모른다. 하지만 인부 한 사람 한 사람에게 감정이입을 하면 이들을 희생시키기가 어려워진다. 이것이 실제 상황이었다면 아마 결정을 내리기도 전에 기차는 인부들을 덮쳐버렸을 것이다.

유감스럽게도 이런 딜레마에 대한 해결책은 없다. 하지만 나쁘지 않다. 공감이 우리를 더 인간답게 만들어주니까.

11장

지금 살까, 아니면 나중에 살까?

장기적 시각의 결정이 늘 옳은 건 아니다

늘 어떤 일이 벌어질지 생각하고, 행동하기에 앞서 그로 인한 결과를 고려하며, 구체적인 계획을 그려보기. 이런 행동은 전략적이고, 조직적이며, 신중하고, 나아가 정말 중요하다.

많은 사람들이 이상적으로 여기는 일이다. 늘 앞날을 내다보고 소위 완벽한 결정을 내릴 수만 있다면 얼마나 좋겠는가. 열심히 공부하고, 학교를 졸업한 다음에는 직업교육을 받거나, 대학공부를 하면서 계속 자기계발을 해나간다. 그렇게 유선형의 발달 단계를 거쳐, 마침내 각자가 생각하는 최상의 길에 도달하여 오랫동안 꿈꿔오고 계획했던 대로 행복한 삶을 살아간다.

아주 좋은 상상이다. 하지만 상상이 현실에 부딪치면 스위스 치즈처럼 구멍이 숭숭 뚫리고, 직사광선에 두었을 때처럼 상해버린다. 아름다운 세계처럼 보이는 상상도 다음 두 가지 질문을 피해갈 수 없기 때문이다.

1. 언제나 장기적인 관점에서 결정을 내리는 것이 현실적으로 가능할까?
2. 장기적인 관점에서 결정을 내리는 것이 정말로 늘 중요할까?

늘 장기적인 시각에서 결정하려 애써본 사람이라면 그게 정말 어렵다는 것을 깨닫게 된다. 장기적인 선택에는 장점도 있지만, 미래 지향적 관점에서 선택하는 사람들이 등한시하는 본질적인 난점도 있다. 바로 미래에 중점을 둔 선택을 하려면 현재를 즐기기 힘들다는 사실이다.

돈을 아껴 저축을 할까, 아니면 봄옷을 살까? 모처럼 여유 있는 주말을 직업 연수를 받으러 가는 데 사용할 것인가, 아니면 근교로 여행을 다녀올 것인가? 몸매 관리를 위해 저칼로리 식단을 고수할 것인가, 아니면 더블 치즈를 토핑한 피자를 즐길 것인가?

이런 목표 갈등은 무수히 많고, 매 순간 새롭게 결정해야 한다. 늘 단기적인 유익을 뒤로하고 장기적인 유익만 바라보는 삶이 더 나을까? 그렇게 살 수는 없지 않을까? 어느 순간에는 지금, 여기를 즐기고 싶다는 생각이 불쑥 튀어나와 미래는 그냥 미래로 놓아두고, 가까운 피자집 전화번호를 누르고야 만다.

이런 충동에 얼마나 자주 굴복하는지를 보면 그 사람의 성격을 알 수 있다. 뭔가를 포기하고 절제하기가 어떤 사람에겐 더 수월하고, 어떤 사람에겐 상당히 힘들어 그때그때 다른 선택을 하게 된다.

다시, 마시멜로 이야기

성격은 어린 시절에 상당 부분 만들어진다. 너무나 유명한 마시멜로 실험을 통해 살펴보자.

심리학자 월터 미셸은 여섯 살짜리 아이들에게 마시멜로를 나누어주고는, 당장에 먹지 않고 선생님이 돌아올 때까지 기다리면 상으로 마시멜로를 하나 더 주겠다고 했다. 아이들의 반응은 제각각이었다. 어떤 아이들은 단번에 마시멜로를 입에 넣어버렸고, 어떤 아이들은 하나 더 받을 때까지 가만히 기다렸으며, 어떤 아이들은 먹고 싶은 것을 참느라 무진 노력하면서 힘들게 기다렸다.

이 실험이 그토록 주목받았던 것은 14년 뒤 이루어진 후속 연구 때문이었다. 미셸은 그때 실험에 참가했던 아이들이 어떻게 성장했는지를 살폈다. 그러자 마시멜로 실험에서 보여준 행동과 현재 모습 사이에 뚜렷한 연관이 나타났다.

어릴 적 마시멜로를 손대지 않았던 아이들은 14년 뒤에도 상대적으로 좌절, 스트레스, 실패에 더 잘 대처했으며 학교 성적도 더 좋았다. 반면 어릴 적 기다리지 못했던 아이들은 청년이 되어서도 더 불안해했고, 우유부단하며 시기심도 많았다.

마시멜로 실험의 요지는 보상을 미루는 능력—즉 장기적인 결정을 내리는 능력—이 강인한 인성의 지표이며, 이것이 어린 시절에 이미 나타난다는 것이다. 그러나 마시멜로 실험의 결론을 비판하는 목소리도 만만치 않았다. 셀레스트 키드는 아이의 인성뿐 아니라 환경도 마시멜로 실험에 많은 영향을 미쳤음을 지적했다. 뭔가를 빼앗길 수도 있거나 약속한 보상이 주어지지 않을 수도 있다고 불안해하는 경우, 마시멜로를 곧바로 먹어치우는 행동은 참을성이 없는 게 아니라, 오히려 이성적인 행동이라고 보았다.

정말 장기적인 시각에서 내린 결정이 단기적인 시각의 결정보다 언제나 나을까?

이 질문에 대한 대답은 생각보다 복잡하다. 현실적인 예를 다시 들어보자. 늘 장기적인 기준에서 결정한다고 하자. 월말이 되어 생활비가 남아도, 언젠가 세계일주를 하겠다는 목표하에 여윳돈이 생길 때마다 저축에만 힘쓴다. 언뜻 보면 좋은 전략이다.

하지만 그러다 사고를 당하거나, 중병에 걸려 계획했던 세계일주를 할 수 없게 된다면 어떨까? 여러 해 동안 한 가지 목표를 향해 매진했는데, 그것을 이룰 수도 누릴 수도 없다면 말이다. 또는 갑자기 환율이나 물가가 급등해서 세계일주는 고사하고, 저축한 돈으로는 4주 정도의 휴가밖에 갈 수 없는 상황이라면?

계획과는 영 달라져버린다. 그렇다고 장기 목표를 세우는 것이 나쁘다는 이야기는 아니다. 반대다. 늘 그렇게만 할 수는 없겠지만, 계획하고, 위험을 고려하고, 추이를 살피는 것은 확실히 도움이 된다. 다만 장기적인 결정이 무조건 더 나은 결정은 아니라는 사실을 알아야만 한다. 앞일은 아무도 모르며, 아무리 확실해 보이는 일이라도 언제 어떻게 변할지 알 수 없기 때문이다.

지인이 언젠가 이런 말을 했다. "젊은 시절에 대출을 받아 장기 여행을 하며 모험을 즐기고, 나이들어 정신적, 육체적으로 여행을 가기 어려워지면 그때 그 돈을 갚으면 좋겠어요."

미래를 위해 늘 지금 이 순간을 희생하면서 욕구를 계속 등한시하며 살면 현재가 불행해진다. 가끔은 별다른 이유 없이도 자신에게 좋은 선물을 해준다면, 삶의 의욕이 샘솟고, 일상의 스트레스를 더 잘 다룰 수도 있다.

그러므로 장기적인 안목의 결정이 모두 더 낫다고 싸잡아 말할 수는 없다. 언제나 그렇듯이 경우에 따라 다르며, 적절히 균형을 잡는 것이 중요하다. 당신이 마시멜로를 삼키는 쪽이라 마시멜로 실험 이야기가 불편했다면, 두려워하지 말라. 단것을 먹은 다음에도 삶은 계속되니까!

현재를 놓치지 않으면서도 미래 지향적인 결정을 내리는 데 다음 세 가지가 도움을 줄 것이다.

• 우선순위를 정하라

늘 모든 것을 급하게 처리하고, 그 무엇에도 충분한 시간을 들이려 하지 않는가? 인내심을 키우기 위해서는 우선순위를 정하는 것이 도움이 된다. 그러면 지금 무엇이 중요하며, 무엇을 시간을 두고 기다려도 되는지 알 수 있다. 거시적 관점을 잃지 말라. 그러면 기다림과 인내가 더이상 괴로움이나 시험거리가 아니라 목표로 가는 길에서 스스로 선택한 단계이자 수단으로 다가오는 긍정적인 효과가 나타날 것이다.

• **자기훈련을 하라**

단기적인 보상을 포기하는 데는 상당한 자기훈련이 요구된다. 구체적인 시점을 정해둔 다음 매진하면 도움이 될 것이다. "언젠가 보상이 있겠지"라는 막연한 생각은 의욕을 불러일으키지 못하는 반면, "6개월 뒤에 새 자동차를 사야지"라는 목표는 긍정적인 자극이 되고, 당장 눈앞의 유혹을 쉽게 포기하도록 만든다.

• **의심과 염세주의를 극복하라**

지붕 위의 비둘기보다는 차라리 손안의 참새를 선택하는 편인가? 이는 신뢰감이 부족해서다. 자신의 능력, 환경, 또는 단순히 미래를 신뢰하지 못하는 것이다. 의심과 염세주의를 극복하기란 쉽지 않으며 약간 시간이 걸릴지도 모른다. 하지만 불안과 걱정에 휩싸이지 않고 적절한 때에 장기적인 결정을 내리게 될 것이다.

때로는 현재를 즐길 줄도 알아야 한다

지금까지 교육받은 방식이나 기질 때문에 여간해서는 마음가는 대로 충동적으로 결정을 못 내리는 사람들이 있다. 이들은 자신만을 생각한 선택을 자못 이기적이고 자기중심적인 행동 같다고 여긴다. 하지만 그렇지 않다!

늘 장기적 목표에만 맞춰 살면 인생의 즐거움을 맛보기 힘들다. 자기 자신에게 잘하지 못하는 사람은 삶의 의욕을 스스로 꺾는 사람이다. 줄곧 그렇게 살다가는 늘 불평불만에 찬 사람이 되기 십상이다. 그렇기에 한 번씩은 단기적이고 충동적인 결정을 내려야 한다.

자기 자신을 위해서다. 늘 가족과 지인의 기대에만 맞춰 살다보면, 자신을 부인해야 하는 지경에 이른다. 자기희생은 좋은 덕목이지만, 지나치면 독이 된다. 결국 사람은 나 자신의 인생과 나 자신의 행복을 책임져야 하니까 말이다. 나를 먼저 사랑하는 것이 이웃 사랑의 전제다. 그러니 내가 무엇을 원하는가를 물어보라. 무엇이 나를 행복하게 만드는가? 무엇이 나를 감동하게 만드는가? 이런 질문을 고려해야 한다.

자신에게 선물을 하라(뭔가를 누리라). 단기적인 이득을 취하지 않는 것은 강인한 사람이라는 증거다. 하지만 매번 그럴 필요는 없다. 또한 그렇게 하는 게 매번 좋은 것도 아니다. 살을 빼기 위해 운동을 하더라도, 원하는 몸무게에 도달하기 전에 종종 운동을 쉬고 사우나에서 편안히 휴식을 누려도 된다. 몇 주 동안 초과 근무를 해서 받은 수당을 그냥 '꼬불쳐'둘 수도 있겠지만, 배우자와 함께 맛있는 음식을 먹으러 간다거나, 짧은 일정으로 낭만적인 여행을 떠난다면 더 즐거울 것이다.

순간을 즐겨라. 많은 사람들이 단기적인 결정을 내리는 걸 힘들어하는 이유는, 지금 이 순간을 즐기는 법을 모르기 때문이다. 현재를 향유하는 대신, 생각은 이리저리 얽히며 해야 할 일들이 머릿속을 맴돈다. 그러나 고요와 쉼과 만족은 오로지 현재의 산물이다. 그저 현재를 즐겨보라.

빠른 결정은 좋을까, 나쁠까

신속하게 결정하는 사람은 종종 결단력이 있고 결정력이 뛰어난 사람처럼 비추어진다. 결단력이 있다는 건 좋은 특성이 아닌가? 하지만 확실하지 않다. 정말 신속한 결정을 내리는 편이 더 좋을까?

물론 몇몇 상황에서는 말할 나위 없이 그렇다. 늘 모든 가능성의 좋고 나쁨을 따져볼 만큼 시간이 충분한 것도 아니기 때문이다. 응급의사, 파일럿, 운동선수, 회사 경영진—모두가 때때로 신속한 결정을 내려야 하는 상황에 처한다. 신속하게 결정하지 않으면 인간의 생명이 위험해지거나, 경기에 패배하거나 경쟁사에 뒤처지게 된다. 그 밖의 평범한 일상에서도 신속히 결정해야 하는 경우가 있다.

- 어떤 회사의 채용공고 마감일이 얼마 남지 않았다. 하지만 그 일이 당신에게 맞을지 아직 확신이 서질 않는다. 지원해야 할까, 말아야 할까?
- 전자제품 매장 세일이 오늘까지다. 지금 사용중인 스마트폰도 별다른 문제는 없지만 새 휴대폰을 쓰고 싶기도 하다. 스마트폰을 새로 살까, 말까?
- 정체된 고속도로 위에 서 있다. 샛길 역시 다른 운전자들이 다

아는 길이라 상황이 별로 나을 것 같지도 않다. 샛길로 빠질까, 아니면 이대로 정체구간을 통과할까?

이런 예는 얼마든지 들 수 있다. 일상에서 빠르게 결정을 내리다 보면 왠지 제대로 생각하지도, 고민하지도 않고 충동적으로 행동하게 되고, 잘못된 결정을 내릴 확률이 높아질 것처럼 보인다.

그러나 여기까지 읽은 독자라면 반드시 그렇지는 않다는 걸 알 것이다. 빠르고 직관적인 선택이 오래 고민한 선택보다 훨씬 더 나을 수도 있다. 빠르게 결정을 내리는 건 확률적으로 남성인 경우가 많지만, 그렇다고 그들이 꼭 나쁜 선택을 하는 건 아니다. 따라서 결정 속도로 결정의 질을 싸잡아 판가름하는 일은 당치않다.

스트레스를 받으면 위험한 결정을 내리게 된다?

급박하게 결정을 내려야 하는 경우가 있다. 생각할 시간을 좀 더 벌고 싶지만, 시간이 제한되어 있는 경우다. 연구에 따르면 스트레스 상태에서는 좀더 위험한 결정을 할 때가 많다고 한다.

캐나다 온타리오주 남서쪽에 위치한 겔프 대학의 시어도어 노즈워시의 연구를 보면 스트레스가 작용하는 상황에서 경영자들은 더 리스크가 큰 대안을 선택하는 경향이 있었다. 스트레스로 인해 그 결정이 장기적으로 가져올 부정적인 결과들에 대해 눈멀게 되고 감정에 휩쓸려버리는 것이다.
연구에 참가한 경영진들은 문제해결력과 분석력이 뛰어난 사람들이었고, 오랫동안 스트레스에 대처해온 사람들이었다. 하지만 노즈워시는 아무리 능력 있는 사람들이라도 스트레스를 받으면 차근차근 생각하지 못하고 공격적 성향을 보인다고 결론 내렸다. 성별 차이는 별로 두드러지지 않았다. 여성 임원들도 마찬가지로 스트레스를 받은 경우 다소 위험한 결정을 하는 경향을 보였다.

빠르게 결정해도 상관없는 경우는 언제일까?

신속하게 결정해도 괜찮은지, 나아가 신속하게 결정하는 편이 더 나은지는 상황에 따라 달라진다. 집이나 자동차를 사거나, 다니던 직장을 그만두거나, 결혼을 하거나, 항공권을 예약하는 등의 일들은 잘 생각하고 결정해야 한다. 그 결정으로 인한 영향이 크고 장기적이기 때문이다. 하지만 오래 고민할 필요가 없고, 오래 고민하면 오히려 더 힘들어지는 상황들도 있다. 크게 세 가지 범주다.

• 소소한 결정

늘 그렇게 머리를 싸매고 힘들여 결정할 필요는 없다. 어떤 쪽을 선택하든 크게 상관없는 소소한 결정이라면 특히 그렇다. 앞서 1장에서 든 예가 기억나는가? 아침에 커피를 한잔 더 마실지, 점심에 국수를 먹을지, 밥을 먹을지…… 이는 장기적으로 보면 하나도 중요하지 않은 결정이다.

• 자주 하는 결정

10년째 같은 일을 하는 사람들이 신참보다 더 빠르고 자신감 있게 결정을 내리는 것은 당연하다. 경험이 쌓이고 숙련도가 높아지면(경험이 쌓이고 늘 비슷비슷한 일을 하다보면) 신속하게 결정을 하게 된다. 빗나갈 수 있는 사안을 더 쉽게 파악할 수 있고, 결과를 더 수월하게 판단하며, 유익을 더 빨리 인지할 수 있기 때문이다. 물론 리스크는 있다. 늘 비슷하게 처리하다보니 늘 비슷한 성과가 나와 정체될 수 있다는 단점이 있다.

• 모호한 결정

정보가 적을수록 빠르게 결정할 수 있다. 이 말에 처음에는 고개를 갸우뚱할 것이다. 하지만 실전에서는 정말 그렇다. 근거 있는 결정을 할 만큼의 자료가 부족하다면 대안은 두 가지뿐이다. 모든 정보를 조달하여 분석하거나, 현재 아는 것에 근거하여 그냥 재빨리 결정해버리거나. 제아무리 심사숙고해도, 모든 결정은 어차피 베팅이므로, 모호한 결정뿐 아니라 확신을 가지고 결정을 해도 빗나갈 수 있다. 확률은 50 대 50이다.

잠깐 짚고 넘어갈 것이 있다. 신속한 결정은 부분적으로는 우리 두뇌의 특성에 달려 있다. 이는 신경학자들과 산술심리학자들로 이루어진 라이프치히의 막스플랑크 인지신경과학연구소와 암스테르담 대학, 호주 뉴캐슬 대학의 연구팀에서 내놓은 결과다.

연구팀은 실험 참가자들에게 모니터 위의 몇몇 점들이 왼쪽으로 움직였는지, 오른쪽으로 움직였는지를 판단해 왼쪽 혹은 오른쪽 버튼을 누르도록 했다. 쉬운 과제 같았지만, 단계에 따라 과제가 달라졌기에 그리 쉽지만은 않았다. 첫 단계에서 실험 대상자들은 보는 즉시 대답해야 했으며, 두번째 단계에서는 가능하면 정확히 대답해야 했다. 세번째와 마지막 단계에서는 움직임을 신속하면서도 정확히 판단해야 했다.

과제를 수행하는 동안 참가자들의 두뇌활동을 관찰했는데, 아니나다를까 결과가 상이했다. 어떤 사람은 매우 쉽게 빠르고 정확한 결정을 내렸고, 어떤 사람은 움직이는 방향을 제대로 맞히는 데 다소 시간이 걸렸다. 이런 차이가 참가자들의 집중력이나 이해도 때문이라고 생각할 수 있다. 그러나 뇌스캔 결과는 달랐다.

신속도와 정확도 모두 높았던 참가자들의 경우 두뇌의 특정 부분이 활성화됐다. 특히 두 영역이 두드러졌는데, 바로 pre-SMA(전 보완운동영역)와 9장에서 살펴본 기저핵이다.

굉장히 복잡하고 전문적인 용어 같으니 좀더 간단한 말로 설명해보자. pre-SMA는 대뇌피질의 제한된 영역으로, 복합적인 운동 과정을 습득하거나 복합적인 운동 패턴을 준비하는 역할을 한다. 기저핵은 우리의 습관을 기억하며, 운동과 인지 과정을 조절하고, 자극을 걸러서 두뇌의 다른 영역으로 전달한다. 그렇기에 기저핵은 신속한 결정에 중요한 역할을 한다. 기저핵이 인지적 지각—앞 실험에서 어느 방향으로 움직이는지 판단하는 일—을 순식간에 운동행동—왼쪽 혹은 오른쪽 버튼 누르기—으로 옮기게 만들기 때문이다.

이런 연구 결과는 실험 참가자들 사이의 차이가 집중력이나 이해도의 문제가 아니라 상이한 두뇌활동에서 나온다는 것을 암시한다. 즉 기저핵이 유독 활성화된 사람은 시간이 부족한 경우에도 쉽게 신속하고 정확한 결정을 내린다는 이야기다.

물론 이런 인식은 일상에서는 별로 도움이 되지 않을지도 모른다. 기저핵의 상태를 어떻게 안단 말인가? 하지만 최소한, 신속한 결정이 힘든 경우 자신의 집중력이나 이해력이 부족해서가 아니라고 생각해볼 수는 있다.

여기에 다음 몇 가지 제안을 보태고 싶다.

신속한 결정을 위한 몇 가지의 팁

결정을 내릴 때 옷 입고 수렁에서 헤엄치는 기분이 드는 사람들도 있다. 각자의 정서적 성향이 달라서다. 하지만 이런 태도도 바뀔 수 있다. 무엇보다 중요한 것은 우선 비판적인 관점에서 자기평가를 해보는 것이다. 다음과 같은 질문을 던져보라.

- 나는 왜 신속한 결정을 내리는 것이 힘든가?
- 나는 무엇 때문에 두려운가?
- 섣불리 결정했다가 피해를 본 적 있는가?
- 결정을 빨리 내리지 못하게 만든 원인이나 계기가 있는가?
- 마지막으로 빠른 결정을 시도해본 적이 언제인가?

이런 질문에 솔직하게 대답하는 건 보기보다 쉽지 않다. 스스로를 속이거나, 그냥 했던 대로 대강 넘어갈 위험이 크다(이 책도 그렇게 대강 페이지를 넘길 수도 있다). 그렇게 해서는 아무것도 바뀌지 않는다.

그러므로 이 질문을 성급하게 넘기지 말고, 시간을 들여 생각해보자. 정직하고 신중하게 시간을 들이는 것은 보람 있는 일이다. 증상만 다루는 대신, 효과적으로 그에 대항하고 문제의 뿌리를 뽑을 수 있다. 이미 그 원인을 파악했고 신속한 결정을 방해하는 요인을 알았다면, 이제 '어떻게 대처할 것인가'라는 문제로 넘어갈 수 있다.

사람마다 방해 요인도 가지각색이다보니, 모두가 결정의 즐거움을 누리는 단순하고 포괄적인 해법을 제시할 수는 없다. 하지만 학술 연구에서 나타난 몇몇 요인들은 다음과 같다.

1. 완벽주의를 버려라

높은 기준을 가지고 그것을 충족시키는 사람들을 완벽주의자라고 한다. 완벽주의라 하면 흔히 성실하고, 꼼꼼하고, 신중하고, 평균 이상의 수준인 상태를 떠올린다. 모든 것이 좋고, 모든 것이 옳은 상태. 그러다보니 완벽주의와 관련한 부정적인 측면은 간과할 때가 많다. 완벽주의는 종종 '터널 시야'를 초래한다. 더이상 아무것도 좋게 보이지 않거나 충분해 보이지 않는다. 완벽주의자들은 자신의 성취를 기뻐하지 못한다. 완벽하지 않기 때문이다. 완벽주의는 시간이 흐르면서 자존감을 파괴하고, 무엇보다 결정력을 마비시킨다. 어떻게 하더라도 도달 불가능한 목표라면, 어떻게 결정을 할 수 있겠는가? 옥에도 언제나 티는 있는 법. 완벽한 정답은 실험실에는 있지만, 현실에는 없다.

그러므로 신속하게 결정을 내리고 싶다면 완벽하려는 욕심을 버려야 한다. 한번 완벽주의라는 다람쥐 쳇바퀴에 걸려들면 벗어나기는 쉽지 않다. 완벽함에 대한 압박 자체가 굉장한 부담이 되고, 조금이라도 모자란 점이 보이면 자기 자신에 대한 약점으로 받아들이기 때문이다.

신속한 결정을 위한 여러 가지 방법이 있지만, 더 현실적인 시각을 갖도록 스스로를 다독이고, 지나치게 이상적인 목표를 세우지 않도록 주의하는 편이 좋다.

결정을 서두르다 실수를 해도 그리 나쁠 것이 없음을 염두하는 게 특히 중요하다. 세계는 멀쩡히 돌아가며, 실수를 한다 해도 대부분 나중에 바로잡을 수 있다.

또는 모든 것을 긍정적인 학습 효과로 볼 수도 있다. 토머스 J. 왓슨처럼 말이다. IBM 창립자인 토머스 왓슨은 어느 직원이 중대한 잘못을 저질러 회사에 막대한 피해를 입혔을 때 그를 해고하지 않고 높은 연봉을 그대로 주며 계속 일하게끔 두었다. 한 기자가 그 이유를 묻자 이렇게 대답했다. "그 직원의 수업료로 막 60만 달러를 투자했어요. 다른 사람이 이런 경험을 그냥 가져가게 할 이유가 없지요." 왓슨은 잘못된 결정을 내리는 건 나쁜 일이 아니며, 거기서 무엇을 배우고, 무엇을 이끌어내는지가 중요하다는 사실을 알고 있었다.

2. 책임을 두려워하지 말라

자신의 결정과 그에 따른 행동을 스스로 책임져야 한다. 말은 쉽다. 하지만 이런 진부해 보이는 인식이 수많은 결정에 걸림돌로 작용한다. 급하게 결정해야 할 때는 더더욱 말이다.

책임져야 한다는 두려움으로 결정을 미루고 또 미루는 경우가 많다. 심사숙고해 정보를 모으고, 주변에 조언을 구하면 책임을 어느 정도 분담할 수 있다. 혹 결과가 만족스럽지 못했을 때 탓할 것도 많다. 부족한 정보, 무지한 상담자, 놓쳐버린 시기…… 댈 수 있는 핑계는 한두 가지가 아니다.

빠르게 결정해야 하는 경우는 이와 다르다. 물론 이때도 정보가 부족하고, 잘못된 조언을 하는 사람도 있을 수 있다. 그러나 빠른 결정은—모순적으로 들리지만—두가지 특징이 있다. 첫째, **그럼에도** 지금 당장 결정해야 한다는 것. 둘째, 그러니 결국은 **혼자** 결정해야 한다는 것. 여기에는 어떤 핑계도 변명도 있을 수 없다. 책임은 오로지 결정자의 몫이다. 결과가 좋으면 승리의 월계관을 쓰게 되지만, 그렇지 않은 경우에는 비난을 받는다.

따라서 신속한 결정을 내리려는 사람은 더 많은 책임을 안을 수밖에 없다. 처음에는 상당히 힘들다. 그러나 시간이 지나면 한결 가벼워진다. 돈 주고는 살 수 없는 행동의 자유를 얻기 때문이다. 책임이 두려워 회피하는 사람은 결정권을 다른 사람의 손에 넘기는 것이며, 결국 남이 내린 결정의 결과를 받아들이는 셈이다.

3. '이것이 최종'이라는 생각을 버려라

신속한 결정을 가로막는 커다란 장애물 중 하나는 바로 이 결정이 '최종'이라는 착각이다. 한번 결정하면 되돌릴 수 없다, 바꿀 기회가 없다고 생각하는 것이다.

우리가 매일매일 씨름하는 대부분의 결정은 일방통행식으로 이뤄지지 않는다. 새 옷을 집에 와서 입어보니 마음에 들지 않는다고? 괜찮다. 교환하거나 중고 사이트에서 팔면 되니까. 새로 산 자동차의 색깔이 한 달도 지나지 않아 거슬린다고? 그러면 타다가 다른 색으로 칠하면 된다. 물론 돈은 좀 들겠지만, 새 자동차를 구입하는 것만큼은 들지 않는다. 학업이나 직업 역시 한번 결정했다고 해서 끝까지 이어갈 필요는 없다. 언제든지 바꿀 수 있다. 커리어 곡선이 직선 모양으로 뻗어가는 사람은 별로 없다. 보통 오르락내리락한다.

우리는 언제든지 생각을 바꿀 수 있다. 직장을 옮길 수도 있고 다

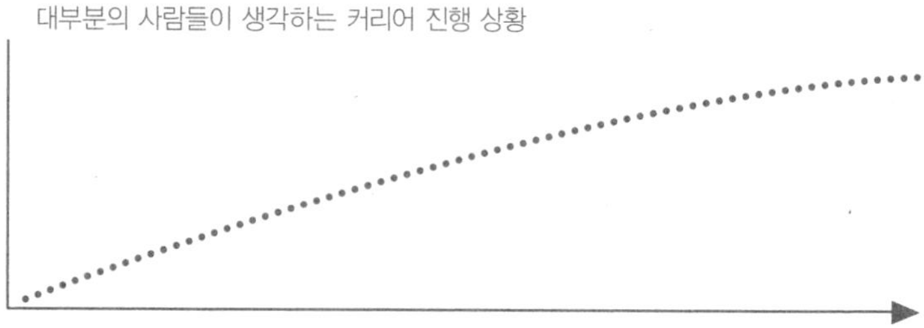

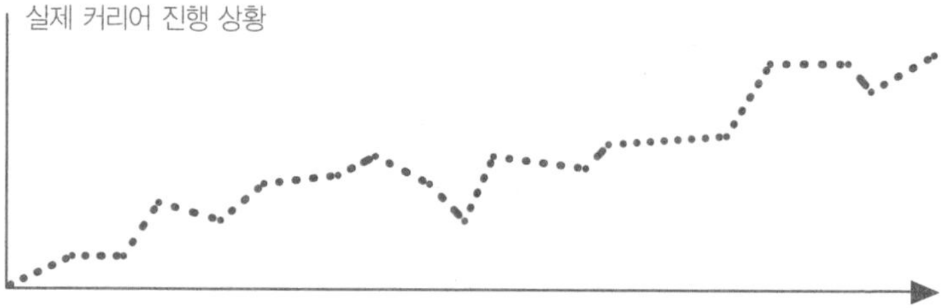

른 결정을 내릴 수도 있다. 한번 내린 결정이 최후의 결정은 아니다. 대부분은 가다가 분기점을 만나게 되고, 지금까지의 길이 막다른 골목으로 드러나면 새로운 방향으로 나아가거나 오던 길을 되돌아갈 수도 있다. 따라서 한 번 (신속하게) 결정하면 되돌릴 수 없을 거라는 우려에서 벗어나 가볍게 결정하는 편이 좋다. 그리고 정말로 한 번의 선택으로 모든 게 결정되는 상황에서는 필요한 시간을 확보할 수 있어야 한다.

왜 조급해지는 걸까?

빠르게 결정을 내리는 타입인가? 즉흥성을 큰 장점이라 여기고, 한번 확정한 사안을 다시 생각하는 데 시간을 쓰지 않는 타입인가? 전부, 지금, 당장, 여기서 결정한다. 그렇다면 왜 조급해지는 걸까?

실제로 다양한 연구가 이루어졌다. 연구 결과를 한마디로 말한다면, 조급함이 경제적 이익을 가져다주기 때문이다. 그 중심에는 두 가지 질문이 있다.

- 나는 지금 무엇을 원하는가?
- 나는 앞으로 무엇을 원할까?

우리의 거의 모든 결정은 이 두 가지 요소를 고려해 이루어지는데 현재의 유익을 더 우선하느냐, 미래의 유익을 더 우선하느냐에 따라 달라진다. 다르게 말해, 당장의 유익이 미래에 얻을 유익보다 더 좋아 보일 때 조급해진다.

참고 기다리는 것을 경제학에서는 '소비감축'이라고 한다. 그러나 감축해야 하는 부분이 너무 크면 그것을 받아들일 마음이 사라진다. 모든 좋은 결심을 다 던져버리고, 지금 당장 취할 수 있는 보상으로 뛰어든다. 따라서 조급해하는 사람은 그저 눈앞의 이익만을 좇는 사람이 아니라 오히려 냉정하게 계산하고, 효용을 극대화하고자 하는 사람이라 볼 수 있다. 물론 그 계산이 늘 확실한 건 아니지만.

중요한 결정을 앞두고 잠시 돌아볼 것들

정말 중요한 결정은 너무 성급하게 내려서는 안 된다는 문제가 남아 있다. 필요한 시간과 여유를 확보하겠다는 판단 역시 하나의 결정이다. 성급한 결정의 배경에는 무의식적인 강제와 외부의 압력이 도사리고 있을 때가 많다. 그러므로 이런 강제나 압박이 어디에서 비롯했는지를 안다면 종종 더 여유를 가지고, 평온하고 쉽게 선택할 수 있다.

• 스스로에게 질문하라

나는 왜 지금 이런 결정을 내리려 하지? 정말 그럴 필요가 있을까? 왜 이렇게 빨리 확정지으려는 걸까? 의식적으로 질문을 던지고 잠시 성찰해보면서 당신은 스스로를 더 잘 알게 되고, 성급하게 결정하도록 부추기고 유혹하는 전형적인 요소들을 깨닫게 된다. 성급한 결정이 빚을 만한 결과들(그런 점들은 무시될 때가 많다)을 의식하는 순간, 즉흥적인 충동은 잦아들고, 다시금 여유를 확보할 수 있게 된다.

• **'오늘까지만'이라는 말에 속지 말라**

성급한 결정 배후에는 자의적으로 설정한 시간 제한이 존재한다. "이번주 토요일까지만!"이라고 쓰인 특별 세일을 한번 생각해보자. 전략을 잘 짜는 가게는 그렇게 기간을 제한해놓고 고객들의 구매 결정을 부추긴다. '지금 아니면 못 산다'는 것이다. 한편으로는 속임수에 가까운 방법인데도 아주 잘 통한다. 노련한 소비자들까지도 이 계략에 넘어간다. 그런 인위적인 제한을 만날 때마다 거기에 응하지 말고 일단 협상에서 물러서 현재 상황이나 미심쩍은 할인과 거리를 두라. 대부분 그런 세일은 두번째, 세번째 찬스도 있는 법이다.

• **누군가의 조언을 구하라**

평소 성급하게 결정하는 편이라면, 우선 좋은 친구나 믿음직한 조언자와 상의하는 것이 좋다. 친구나 조언자가 "정말 그게 필요해? 그 사람이 정말 적임자일까? 한번 지켜보지 그래?" 하는 식으로 질문을 던지면 브레이크가 걸리면서, 안달난 마음을 일단 가라앉힐 수 있다. 그러나 여기서도 중요한 것은 정도다. 과도한 참견은 위험하다. 결정의 결과를 짊어져야 하는 것은 친구들이 아니라 우리 자신이며 어떤 것이 자신에게 가장 좋은지는 스스로 가장 잘 알기 때문이다. 하지만 문제를 제기하는 것은 바람직하다.

우리는 왜 자꾸 처음의 선택지로 되돌아갈까?

주말에 흔히 볼 수 있는 쇼핑의 패턴은 이렇다. 첫 가게에 들어가서 세 가지 정도의 물건을 살펴보고 즉흥적으로 결정한다. 일단 이것을 찜해두자! 선택 A!

물론 아직 구입하지는 않는다. 막 쇼핑을 시작한 참이니까 더 둘러봐야 하기 때문이다. 그 물건을 한 시간 정도 보관해달라고 부탁한다. 가까운 가게들에도 괜찮은 물건들이 있다. 새로운 선택지를 찜한다. 그리고 한 군데 더 들른다. 여기서도 비슷하다. 하지만 왠지 그 무엇도 선택 A에는 못 미치는 듯하다. 한 시간 뒤 지친 몸을 이끌고 맨 처음 들렀던 가게로 되돌아와서 찜해놓은 물건을 구매한다. 처음에 그냥 사버릴 것을! 어리석지 않은가?

전혀 그렇지 않다. 여행지를 선택할 때도 비슷하다. 여행사 직원은 여러 이국적인 여행지를 추천하면서 우리의 여행욕을 부추기지만, 결국 우리는 이전에 갔던 스페인으로 결정한다. 그래, 최소한 작년만큼은 좋겠지!

이런 행동의 배후에는 연구자들이 '부작위편향omission bias'이라 말하는, 어떤 행동을 하지 않았을 때 발생하는 손실보다 그 행동을 했을 때 일어나는 손해에 더 신경을 쓰는 심리가 숨어 있다. 다른 여행지의 호텔이 어떨지, 식사가 어떨지, 지역 사정이 어떨지 모르기 때문에 차라리 이전과 같은 선택을 내린다. 이전의 선택지라면 최소한 어떤 걸 가려내야 할지 알고 있기 때문이다.

주말 쇼핑도 마찬가지다. 첫 물건이 마음에 든다. 내가 찾던 바로 그것이었다. 하지만 다른 곳에 더 좋고, 품질 대비 저렴한 상품이 있지 않을까 하는 의심이 남는다. 뭔가를 놓칠까 하는 불안함이 우리를 몰아가는 것이다. 하지만 그러고 나면 첫번째 선택지를 놓칠까봐 더 걱정스러워지기도 한다. 몇 달 동안 두고두고 후회할 수도 있기 때문이다. 정말로 첫번째 상품보다 훨씬 더 좋고 가격도 저렴한 대안을 발견하게 되지 않는다면 말이다. 그런 일도 있다. 하지만 드문 일이다.

12장

선택의 고통을 덜어주는 결정의 기술

내게 맞는 의사결정 기법은 무엇일까?

더 좋은 결정을 내릴 수 있게 하고, 어려운 선택 과정을 수월하게 해주고, 최상의 대안을 찾게 도와주는 여러 가지 방법들이 있다. 온라인에 검색만 해봐도 수십수백 가지 의사결정 정보들이 소개돼 있는 통에, 선택의 고통이 줄어들기는커녕 어떤 방법을 활용할지를 선택하는 일부터 이미 고통스러울 듯하지만. 자신에게 맞는 결정 기법을 찾는 일 자체가 결정이 필요한 일이 되어버린 셈이다. '패러독스'라는 말이 이때처럼 잘 어울리는 경우도 드물 것이다.

대부분 복잡하고 근사해 보이는 명칭으로 유혹하지만 그 기법을 자세히 알고 나면 좀 실망하게 된다. 모든 상황에 적용되고 쉽게 실행에 옮길 수 있는, 보편적이고 완전하며 궁극의 결정 기법은 존재하지 않기 때문이다. 기법을 고안한 사람마다 생각도 다르고 필요도 다르며, 개별성이 다양하게 반영돼 있다. 따라서 하나의 방법에만 의지해서는 안 된다. 그 기법만으로 현재의 딜레마를 적절히 해결하리라는 보장이 없기 때문이다. 방법마다 각각 나름의 장단점이 있다.

그러므로 비중 있는 의사결정 기법들을 살펴보고, 그중 무엇이 문제를 해결하는 데 적합할지 선택할 수밖에 없다. 그 가운데 몇 가지 끌리는 방법이 나타날 것이다. 혹은 그런 기법이 자신만의 방법을 찾는 영감을 불러일으킬 수도 있다. 멋지지 않은가!

의사결정 문제는 정말로 인류의 역사만큼 오래됐다. 아담과 이브도 금지된 선악과를 따 먹을지 말지를 두고 고민하지 않았던가. 그러니 다음 중 분명 당신에게 도움이 되는 기법들이 있을 것이다. 우선 고전적인 방법부터 살펴보자.

찬반 리스트

찬반 리스트를 모르는 사람은 없을 것이다. 그럼에도 이 방법은 첫 단계로 자신 있게 소개할 정도로 대표적이고 완벽한 방법이다. 오래된 방법이지만 유용하다. 게다가 정말로 간단하다. 종이 한 장을 꺼내어, 중간에 세로선을 하나 긋자. 왼쪽 위에 '찬', 오른쪽 위에 '반'이라고 쓰라. 이어 그 선택지에 찬성하는 논지와 반대하는 논지 모두를 짧게 적자.

찬반 목록에 적은 항목의 개수만으로 어떤 선택지가 좋은지 확연히 드러나는 경우도 있다. 하지만 대부분 중요도가 먼저다. 반대 논지가 하나라 해도 그것이 너무나 중요한 논지라 여러 개의 찬성 논지가 있다 해도 상쇄되지 못할 수도 있다.

가령 새로운 일자리로 옮기는 경우 연봉이 약간 오르고, 직급도 더 높아진다고 하자. 하지만 다른 지역으로 이사를 해야 한다. 그러면 기존에 구축한 사회적 네트워크를 포기해야 하고, 배우자도 새로운 일자리를 알아봐야 한다.

이 경우 개수만 따지면 장점이 두 개, 단점이 하나로 보일 수 있다. 하지만 이사라는 단점이 차지하는 비중은 일자리 수락 여부를 고민

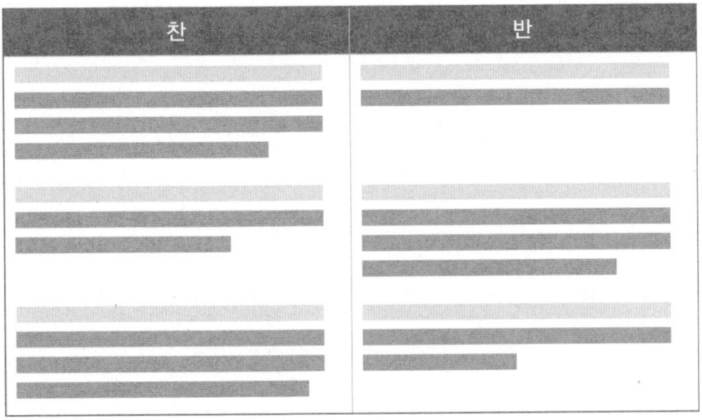

해야 할 만큼 크다. 대부분의 사람들은 일일이 적지 않아도 머릿속에서 이런 방법을 실행하며 장단점을 고려한다. 하지만 메모를 과소평가해서는 안 된다는 사실을 명심하라. 무엇보다 찬반 리스트는 다양한 논지를 의식하고, 시각화하고, 눈앞에 그려보게 해준다. 이렇게 구체적으로 시각화해보면 그냥 머릿속에서 평가하는 것보다 더 확실해진다. 특히 착각을 줄일 수 있다. 반대 논지가 명백하게 드러나기 때문이다. 가족과 친구들의 피드백도 찬반 리스트에 포함할 수 있다. 그렇게 하면 더 잘 드러난다.

이 기법의 단점은 선택지가 많을수록 리스트가 복잡해지고 선택도 어려워진다는 것이다. 그럴 경우 대부분 지우기가 도움이 된다. 리스트에서 서로 피장파장이 되는 찬반 논지들을 지우고 남은 논지로만 판단하는 것이다. 아니면 다음에 소개하는 기법을 활용해도 좋다.

프랭클린 리스트

미국 건국의 아버지 벤저민 프랭클린은 18세기에 이미 선택의 어려움을 극복하는 길을 모색했다. 찬반 리스트에서 착안한 그의 방법은 장단점을 대비하지 않고, 여러 대안의 찬성 논지들만을 비교한다.

백지에 선택지 수만큼 칸을 만들고, 각각의 장점으로만 빈칸을 채운다. 그러면 금세 이점만을 정리한 전체적인 상이 나온다. 그다음 각각의 찬성 논지에 점수를 매겨보라. 마지막에 각각의 점수를 합산해서 개수로 나누면, 무엇이 가장 좋은 대안인지 평점으로 드러난다.

찬	평점	찬	평점	찬	평점	찬	평점	찬	평점
	2		3		1		4		3
	2		1		1		3		5
	3		4		2		2		4
	1		3		1		3		1
총점	2.0		2.75		1.25		3.0		3.25

프랭클린 리스트의 가장 큰 장점은 단순함이다. 하지만 이 방법은 반대 논지, 즉 선택지가 가진 단점을 고려하지 않는다는 중대한 결점이 있다. 그러므로 프랭클린 리스트는 다수의 대안을 일차로 압축할 필요가 있을 때 활용하면 좋다.

의사결정 나무

목록을 적는 방식이 아니라 시각화한 이미지를 통해 결정에 도움을 주는 의사결정 기법도 있다. '의사결정 나무'도 그런 방법이다. 이 방법은 운동 경기의 토너먼트 방식과 비슷하다.

대안을 각각 두 가지씩 서로 견주어보고 그중 더 좋은 대안을 다음 라운드로 보내는 방법으로, 최상의 선택지가 드러날 때까지 이 과

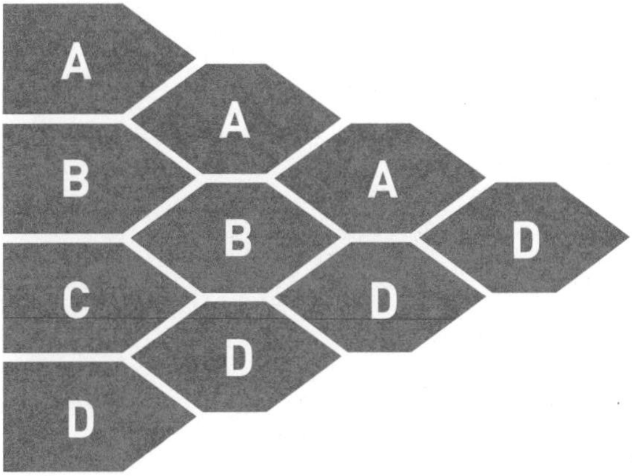

정을 되풀이한다. 앞 페이지에서 최상의 선택지는 바로 옵션 D이다.

의사결정 나무는 많은 수의 대안을 각각 둘씩 비교한다. 이 방법은 선택지가 많고, 한쪽이 월등하게 뛰어난 경우에만 활용할 수 있다. 처음부터 예/아니오 혹은 A/B를 고르는 결정인 경우에는 도움이 되지 않는다. 또한 선택지 간 장단점이 뚜렷하지 않을 때도 이 방법이 통하지 않는다. 의사결정 나무를 다른 방법(이를테면 찬반 리스트)과 결합해 문제를 해결할 수도 있다.

의사결정 마인드맵

시각 이미지를 활용한 또다른 기법은 의사결정 마인드맵이다. 마인드맵은 주제의 연관성을 시각화하는 방법으로, 의사결정 마인드맵은 일반적인 마인드맵을 응용하여 복잡한 결정에 도움을 준다.

- 결정 사안을 맨 처음에 표시한다. 이를 백지—사안에 따라 종이 크기는 달라진다—중앙에 기입하고, 한 가지 색깔로 기입한다.
- 주제를 중심으로 파생된 가지를 그리고, 해당 가지에 각각의 선택지를 기입한다.
- 중심 가지에서 다시 가지치기를 하여, 해당하는 찬반 논지를 적는다.

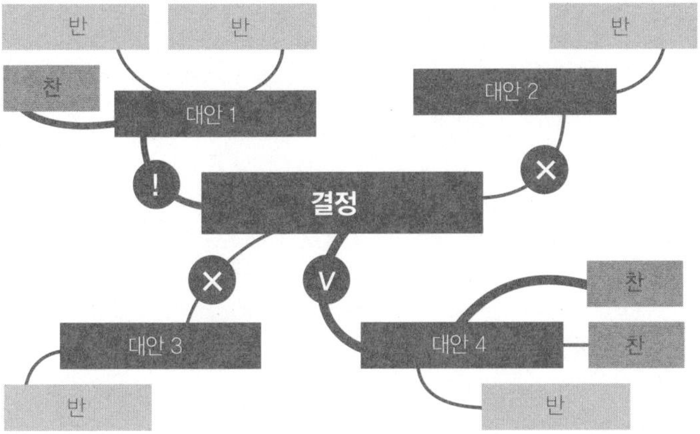

• 중심으로부터 뻗어나간 찬반 가지를 정리해 평가한다. 그러면 의사결정 마인드맵이 완성된다.

각각의 가지를 기호나 색깔로 구분할 수도 있고, 큰 비중을 차지하는 가지는 더 굵게 표시해도 좋다. 하지만 시각적으로 깔끔하고 예쁜 것보다는 결정 구조를 시각화하고 정리하는 일이 중요하다. 위 도식처럼 말이다.

의사결정 마인드맵은 무엇보다 복잡한 상황을 한눈에 조망하게 해준다. 물론 그림 솜씨에 따라 약간 달라질 수는 있겠지만, 웬만한 사람이라면 각 대안과 그에 따른 장단점을 한눈에 보여주는 꽤 유용한 생각의 지도 작성이 가능할 것이다.

하지만 마인드맵은 각 가지의 사안이 갖는 비중까지 표시할 수는 없다. 가지의 굵기를 달리하여 차별화할 수도 있지만, 점수로 평가하는 방법과 달리 확실한 차이보다는 감정적 중요도만 반영할 수도 있다. 그러므로 마인드맵을 초반 도우미로 사용하고, 여기서 거른 유력한 선택지들을 다시 한번 정확히 평가하는 것이 좋다. 가령 의사결정 매트릭스를 사용해서 말이다.

의사결정 매트릭스

매트릭스라는 말을 들으면 뭔가 복잡한 수학식이 필요할 것만 같다. 끝없이 문제와 씨름하며 보냈던 불면의 밤들. 안심하시라. 의사결정 매트릭스에 그렇게 어려운 수식은 전혀 없다.

물론 의사결정 매트릭스는 이성적인 결정 기법이며 분석적 기법을 활용하고 있어 수학에 재능이 있는 사람들은 더 즐겨 활용할 수 있다. 그러나 평소 직감으로 판단을 내려왔던 사람들은 이 방법이 마음에 안 들지도 모른다.

우선 표를 만들고 모든 선택지를 표에 기입하라. 두번째 단계, 이 결정에서 어떤 기준이 중요할지를 생각해서 해당 기준들을 세로칸에 차례로 기입하라. 각자 상황에 따라 기준이 다를 것이다. 금전적인 기준들처럼 구체적인 것뿐 아니라, 재미나 즐거움같이 추상적인 기준들도 쓸 수 있다.

선택지	선택지 1	선택지 2	선택지 3
기준 1	2	4	1
기준 2	3	2	2
기준 3	1	3	1
평점	2	3	1.3

이제 각 기준들을 1~10등급, 혹은 (위 도표처럼) 1~5점까지로 평가해서 점수를 매겨보자. 마지막에 점수들을 합산하거나, 합산한 점수를 기준 수로 나누어 평점을 산출하면 된다.

의사결정 매트릭스는 두 가지 이점이 있다. 단순한 계산을 통해 어떤 대안이 가장 좋은지가 분명히 드러나는 동시에 기준들을 서로 비교하고 평가할 수 있다. 간단히 실행할 수 있어서 특히 매력적이다. 하지만 이 방법 역시 자의적일 수 있고, 중요한 기준을 누락하는 실수가 빚어질 때도 있다. 하지만 세심하게 심사숙고하고, 신중하게 평가한다면 그르치는 일은 별로 없을 것이다.

모든 선택지들을 목록화하라

영국의 인지학자이자 『여섯 색깔 생각의 모자』의 저자인 에드워드 드 보노는 의사결정 매트릭스처럼 모든 면을 고려하는 방법을 제안한다. 이름에서 알 수 있듯이 이 기법을 활용한 결정 과정은 모든 요소에 대한 목록을 만드는 일부터 시작한다. 모든 요소들을 적어야 한다! 빠짐없이.

목록의 규모는 결정의 복합성과 중요성에 따라 다른데, 때로는 아주 길어질 수 있다. 가령 주택 구입을 생각중이라고 해보자. 정말 많은 측면을 고려해야 한다. 주택 가격, 자금 조달 가능성, 주택의 크기, 방 배치, 난방의 종류, 교통, 편의시설, 주변 환경, 직장과의 거리, 아이들 학교와의 거리…… 더 많은 정보를 고려할수록 어떤 대안이 좋은지가 더 명확히 드러난다는 것이 드보노의 생각이다.

물론 드보노 역시 중요한 기준과 그렇지 않은 기준들이 있음을 의식해서, 이를 순서대로 작성하도록 제안했다. 중요한 기준을 먼저 쓰고, 부차적이고 그리 중요하지 않은 것들은 리스트의 마지막에 쓰라고 말이다. 그리고 각 가장자리에 메모할 만큼 여백을 두라고 했다.

이런 방대한 리스트를 가지고 어떻게 이성적인 결정을 할 수 있을까? 간단하다. 다음 질문을 기준으로 모든 대안을 세세히 살펴보자.

- 각 대안으로 충족되는 요소들은 무엇인가?
- 충족되지 않고 남아 있는 기준들은 무엇인가, 그것은 얼마나 중요한가?
- 각 선택지의 장단점은 무엇인가?

다양한 면을 고려해야 하는 주택 구입 같은 경우 리스트를 통해 더 쉽게 결정을 내릴 수 있다. 하지만 이런 선택 과정 역시 의사결정 매트릭스와 비슷한 문제점을 안고 있다. 중요한 요소들을 모두 포함시킨 완벽한 리스트여야만 실제적이고 구체적인 결론의 도출이 가능하다는 점이다.

딱 하나만 고려하는 방법

모든 면을 고려하는 방법과 반대로 단순해서 쉽게 활용 가능한 방법이 바로 딱 하나의 요소, 즉 가장 중요한 결정 요인에만 집중하는 것이다. 가장 중요한 요인이 무엇인지는 각자의 판단에 따라 달라진다. 구매 결정에서는 아무래도 가격이 가장 큰 요인이겠지만, 상품의 질이 뒷받침되지 않는다면 최상의 선택이 아닐 것이다.

그러나 다음과 같은 간단한 예에서도 이미 이 방법의 단점이 드러난다. 당신이 새로운 스마트폰을 구입한다면, 어떤 기준이 선택에 영향을 미칠까? 가격? 계약 조건? 복잡해지기 시작한다. 약정 기간은 언제까지인가? 통신망은 문제없는가? 그 지역뿐 아니라 여행지에서도 괜찮은가? 여기까지만 말해도 중요한 요인 하나만을 고려하는 방법이 쉽게 한계에 부딪친다는 사실이 느껴질 것이다. 이 방법은 현실을 상당히 단순화한 방법으로, 그러다보면 완전히 잘못된 근거를 가지고 판단하는 일이 발생할 수 있다.

하지만 이런 약점에도 불구하고 이런 기법을 완전히 무시해서는 안 된다. 일상의 소소한 결정에는 굉장히 도움이 되기 때문이다. 또는 선택에서 무엇이 가장 중요한지를 판단할 때도 도움이 된다.

조각내기

중요한 결정을 해야 할 때면 우리는 전체를 조망하며 가장 좋은 대안을 고르려 한다. 그러다보면 겁에 질릴 수 있다. 늘 거대한 전체를, 떡 버티고 있는 결정을 바라보면 패닉에 빠져 달아나고 싶어진다. 그래서 적잖은 사람들이 중요한 결정을 질질 끌고 미룬다. 다른 부차적인 일들에 열성을 다하고 정작 중요한 일은 하지 않는 것이다.

조각내기는 이런 경우에 도움이 된다. 해결해야 하는 문제를 여러 개로 잘게 나누어 결정을 좀 단순화하고 수월하게 만든다. 양파 껍질을 한 꺼풀 한 꺼풀 벗겨나가는 것처럼, 문제를 조각조각 분할하고 개별적으로 고찰하여, 선택에 대한 부담과 공포를 없앤다.

여기서 우리는 근본적인 결정을 하는 대신 작은 결정들을 내려가게 되는데, 설사 작은 결정이 빗나간다 해도 커다란 공동 목표에는 별다른 영향을 미치지 않는다. 어디까지나 조각에 불과하기 때문이다.

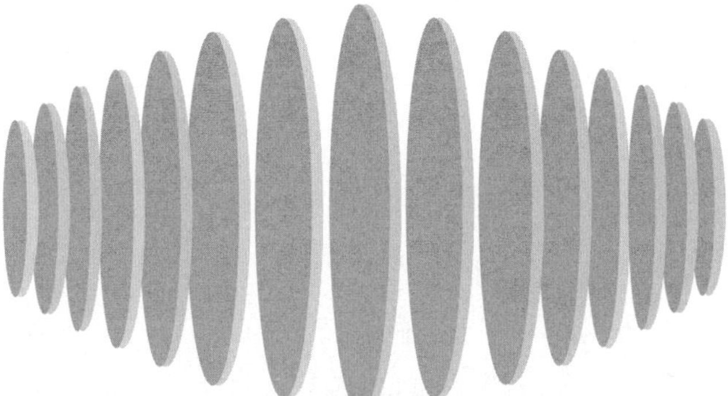

조각내기 기법은 중대한 결정을 좀더 수월하게 내리게 해준다. 가령 진로 선택은 정말 쉽지 않다. 여러 갈래로 펼쳐진 길 앞에서 어디로 가야 할지 난감하기 짝이 없다. 그럴 때는 "무슨 일을 해서 먹고 살지?"라고 묻는 대신, 그 문제를 조각내라. 공부를 하고 싶은가, 아니면 사람들과 더불어 일하는 게 좋은가? 사무실에서 행정 업무를 처리하는 게 맞을까, 아니면 고객들과 직접 대면하는 편이 더 맞을까? 조각낸 질문에 하나하나 대답해나가다보면 자신이 어떤 상을 바라는지 점점 명확해질 것이다.

유감스럽게도 이 방법 역시 긍정적인 면만 있지는 않다. 찬반 리스트를 비롯, 이미 언급한 다른 기법들이 그러했던 것처럼 이 방법 역시 각 조각이 차지하는 비중이나 평가가 명백하지 않다. 모든 문제를 유의미하게 쪼개고 단순화할 수 있지만, 진정한 지침을 제공하기에는 역부족일 수도 있고, 여러 대안들을 서로 비교할 수도 없다. 조각내기 기법은 선택을 자꾸만 미루는 상황에서 도움이 되며 다른 기법들과 결합해서 활용하는 것을 권장한다.

관점 전환

우리는 생각하고, 고민하고, 분석하고…… 엄청나게 두뇌를 혹사시킨다. 그러고는 괴테의 『파우스트』 속 파우스트 박사처럼 그래 봤자 '더 영리해지지 않았다'라고 느낀다. 때로 자신의 길을 가로막는 건 바로 자기 자신이다. 그러면 아무런 결정도 내릴 수가 없다. 정신적으로 제자리를 맴돈다. 이때 도움이 되는 건 관점의 전환뿐.

감정적인 교착상태일 때는 특히나 관점 전환이 필요하다. 지하실과 수납장의 잡동사니를 정리한다고 가정하자. 분류를 하다보면 물건마다 얽힌 기억들이 떠오를 것이다. 또는 '아, 이건 나중에 필요할 수도 있어. 버리기는 너무 아까워!' 싶을 것이다. 팔을 걷어붙이기는 했지만 지하실을 비우기란 쉽지 않다. 감정이 작용하면 할수록, 현혹하고 은폐하고 스스로를 속이려는 경향이 더 강해진다.

그러다 물건들을 치워서 공간을 넓히려던 생각을 떠올린다면 그것이 바로 관점 전환이다. 말은 쉽지만, '제 버릇 개 못 준다'는 속담처럼 실천은 쉽지 않다. 많은 사람들은 그러지 못해 늘 해오던 행동을 고수하고, 선입견과 상투성의 감옥에 남는다.

고정관념의 감옥에서 벗어나기란 쉽지 않다. 때로는 결과를 두려워하지 않으면서 선입견에 사로잡힌 태도를 깨고 나갈 필요가 있다. 또는 '친구가 이런 고민에 빠져 있다면 뭐라고 조언해줄까?' 하는 언뜻 보기에는(언뜻 보기에만) 단순한 질문을 던져보라. 이런 질문 역시 관점 전환에 도움이 되고, 또다른 심리적 효과를 불러일으킨다. 우리는 자신의 문제보다 다른 사람의 문제를 더 객관적으로 볼 수 있기 때문이다.

이 방법의 전제는 자신에게 솔직해야 한다는 것이다. 그래야 관점 전환이 자신의 바람, 목표, 우선순위를 덮은 안개를 걷어버릴 수 있기 때문이다.

최상의 경우/최악의 경우 분석하기

최상의 경우와 최악의 경우 분석하기는 전개 가능한 두 가지 서로 다른 시나리오를 비교하는 방법이다. 복잡하지 않다. 모든 대안에 대해 최상의 경우와 최악의 경우의 시나리오를 작성한다. 이 방법은 모든 선택지의 장단점을 의식적으로 비교하고, 좋은 방향과 나쁜 방향 모두에서 가능한 결과들을 고려한다는 이점이 있다.

최악의 경우 시나리오는 이 일에서 일어날 법한 안 좋은 상황을 그려보고, 그것이 일어날 확률은 어느 정도인지를 가늠해보는 것이다. 최악의 시나리오는 비관주의와는 무관하며, 특히 어떤 대안을 걸러내기 위한 기준으로 사용하려는 것이다. 해당 시나리오가 개인적으로도 치명타가 될 것이라는 분석이 나온다면 그 대안은 곧장 폐기해야 한다. 반대로 그런 시나리오가 일어날 확률이 정말 없을뿐더러, 최악의 경우 그런 일이 일어나도 그렇게 나쁘지 않을 거라고 생각되면, 그 대안은 충분히 선택 가능한 길이 된다.

쏟아부은 돈이 모두 물거품이 되는 투자를 예로 들어보자. 로또처럼 말이다. 적은 금액만을 걸었다면 다 날려도 별로 나쁘지 않을 것이다. 그러나 노후자금을 전부 주식에 투자하는 상황이라면 이야기는 달라진다. 잘되면 좋지만, 꼭 그렇게 되리라는 법은 없다. 그러므로 리스크를 감당할 준비가 되어 있지 않다면— 높은 수익을 얻을 확률이 있더라도—이런 대안은 접고 다른 길을 가야 한다.

물론 모든 시나리오에 대한 정확한 확률을 계산하는 건 불가능하

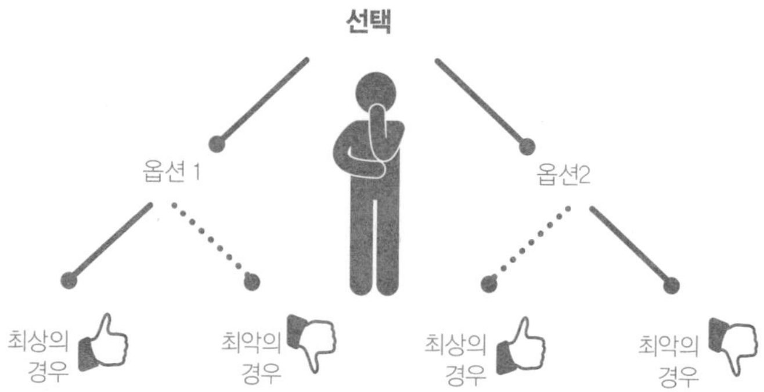

다. 최소한 로또의 경우 보너스 번호를 합쳐 여섯 자리가 맞을 확률은 1억 3983만 8160분의 1에 불과하다. 그러나 일상에서는 통계적으로 정확한 확률이 중요한 것이 아니라, 이성적으로 판단하는 것만으로 충분하다. 실제 결과 중 99퍼센트는 최악의 시나리오와 최상의 시나리오 사이에 위치할 테지만, 최악의 경우와 최상의 경우 분석하기 기법은 결정에 상당한 도움을 줄 것이다.

결정을 돕는 간단한 질문들

앞에서 소개한 의사결정 기법을 언제나 활용할 필요는 없다. 물론 이런 기법은 결정을 더 수월하게 하고, 그로 인한 결과를 더 구체화해준다. 그러나 번거롭게 표 같은 걸 작성할 필요 없이 몇몇 질문을 활용하여 쉽게 결정할 수도 있다. 다음 질문은 앞서 말한 모든 방법을 통합하여 탄생한 것으로, 경직된 의사결정 과정에 활기를 불어넣어 줄 것이다.

• 스스로에게 솔직한가?

최상의 결정은 언제나 쉽게 이루어지지도 않고, 마음이 늘 그쪽으로 쏠리는 것도 아니다. 그래서 자신이 막다른 골목에 이르렀고, 되돌아가는 것만이 거기서 벗어나는 방법임을 확인하게 될 때도 있다. 그걸 깨달으면 참 화가 난다. 다른 결과를 바랐기 때문이다. 진실은 고통스럽다. 그러나 결정을 할 때는 어쩔 수 없이 진실과 대면해야 한다. 그렇지 않으면 시간이 지나도 계속해서 제자리걸음만 하게 된다.

• 대안을 충분히 검토했는가?

좋아 보이는 대안에 푹 빠져, 다른 모든 대안은 고려하지도 않고 간과해버리는 경우가 많다. 결과가 좋다면 다행이지만, 대개 뒷걸음치게 된다. 충분한 대안을 검토해보지 않았기에 잘못된 판단을 내리는 것이다. 그러므로 대안이 하나뿐이지 않는 이상, 과연 내가 대안을 충분히 검토했는지 따져야 하는 상황이 좀 불편하더라도 시야를 넓히려는 노력을 계속해야 한다.

• 결과가 어떨지 알고 있는가?

결정을 자꾸 망설이는 건 그로 인한 결과가 두렵기 때문이다. 그런 경우 우리는 결정을 자꾸만 피한다. 하지만 나쁜 시나리오라는 게 정말 근거가 있을까? 그렇다고 장밋빛 안경을 쓰라는 것은 아니다. 근거 없는 두려움을 불러일으키지 않으면서도 예상 가능한 단점을 흐지부지 넘기지 않는 객관적인 평가가 중요하다.

• 이성과 직감, 각각의 감각이 어떤 신호를 보내는가?

결정을 내리기가 힘들 때는 하나의 신체 부위에만 의존하지 않는 것이 좋다. 머리가 잡아내지 못하는 신호를 배가 발견할지도 모르고, 배가 알아채지 못한 논지를 머리가 발견할 수도 있다. 이성이나 직관 중 너무 한쪽에 치우쳐 더 나은 결정을 할 수 있는 기회를 놓치는 것은 별로 바람직하지 않다. '이것 혹은 저것'이 아닌 '이것뿐 아니라, 저것 또한'을 원칙으로 삼아 감각 센서를 활용하라.

시간여행을 이용한 의사결정

미래로 시간여행을 할 수 있다면 얼마나 좋을까? 그러면 로또 숫자도 미리 알 수 있고, 다음번 월드컵 우승팀도 맞출 수 있을 것이다. 뿐만 아니라 내 결정이 어떻게 돌아가는지도 확인해 경우에 따라 결정을 바꿀 수 있을 것이다.

하지만 영화 〈백 투 더 퓨처〉에서 마티 맥플라이와 브라운 박사가 타고 다녔던 타임머신이 개발되는 데는 시간이 좀 걸릴 듯한데…… 그러나 시간여행을 활용한 의사결정은 지금 당장이라도 실천에 옮길 수 있다. 현재의 의사결정 딜레마로부터 어느 정도—혹은 많이—거리를 두는 것이 중요하다. 그러면 더 큰 그림을 볼 수 있기 때문이다.

제너럴일렉트릭의 전 CEO 잭 웰치의 부인 수지 웰치는 10-10-10 모델을 개발하였다. 선택의 기로에 섰을 때 세 가지 질문을 던지는 것이다.

- 나의 선택이 10일 뒤 어떤 영향을 미칠까?
- 나의 선택이 10개월 후 어떤 영향을 미칠까?
- 나의 선택이 10년 후 어떤 영향을 미칠까?

진부하게 들린다. 사실 그렇기도 하다. 하지만 이런 과정은 시선을 멀리 두고, 결정의 장기적인 영향을 생각해보는 데 도움이 된다. 가령 새로운 일자리를 찾을 때 10-10-10모델 혹은 시간여행 방법을 한번 활용해보고, 이 일자리가 10년 뒤 나를 원하는 곳으로 이끌지 자문해보라. 하지만 시간여행법이 유익하려면 두 가지 조건이 필요하다. 솔직한 자기성찰과 미래에 대한 현실적인 평가다.

! 언제 어떤 기법을 사용해야 할까?

지금까지 다양한 결정 기법을 살펴보았다. 이런저런 방식으로 결정을 내리거나, 결정을 굳히거나, 대안들을 추리고, 또 배제하여 해결에 이르게끔 돕는 기법들이다. 여기서 난감한 점은 당신이 이런 많은 방법들 중 정확히 무엇을 활용할지 다시 결정해야 한다는 것이다. 그러나 이 책은 당신이 이런 결정을 혼자 내리도록 두지 않기 위해 쓰여졌다.

자, 어떻게 해야 할까? 여러 기법의 도움을 받아도 결과는 엉망이 될 수 있고, 혼란스럽게 반복만 할지도 모른다. 우선 당신의 결정을 세 가지로 분류해보자.

단기적인가, 장기적인가? 몇몇 기법은 삶에 장기적으로 영향을 미치는 결정들에만 적용 가능하다. 다른 상황에는 도움이 되지 않는다.

정보가 많은가, 적은가? 많은 정보는 근거 있는 결정을 내리는 데 도움이 될 수 있다. 정보가 부족한 경우 활용할 수 없는 기법도 있다. 그러므로 정보가 부족한 경우는 정보를 좀더 수집하거나, 정보가 없어도 활용 가능한 다른 기법을 활용하는 편이 좋다.

이성적인가, 감정적인가? 어떤 결정의 경우 이성은 힘을 발휘하지 못하고, 어떤 결정의 경우 이성이 상당히 지배적인 역할을 한다. 그러므로 각각 뒤처지는 감각 센서가 다시금 더 목소리를 낼 수 있게 하는 방법을 선택해야 좋을 것이다.

각각의 결정 상황을 이 세 기준으로 정확히 분류하여 알맞은 기법과 결합할 수도 있다. 가령 전공 선택은 장기적인 지평에서 보아야 하는 이성적인 결정이고 (조금만 노력하면) 정보를 수집할 수 있다. 의사결정 나무나, 프랭클린 리스트로 선택지를 적절하게 추린 다음, 시간여행법을 통해 선택지의 타당성을 점검하여 최종 선택을 하면 좋을 것이다.

하지만 염려하지 말라. 여기서도 역시 '옳고 그른 것'은 없다. 몇 번 하다보면 시도를 거듭할수록 더 자신감 있게 활용할 수 있을 것이다.

13장

당장 결정을 내려야 한다면

다급한 상황에 처한 당신을 위한 다섯 가지 규칙

좋아, 이제 결정할 수 있겠다. 하지만 지금 당장 결정해야 하는 경우, 마인드맵이나 나무, 표 같은 것을 그릴 시간이 없을 때는 어떻게 해야 할까? 이렇게 급하게 결정을 해야 할 경우에도 몇몇 규칙을 염두에 두고 진행할 수 있다. 그렇게 하면 두 가지 좋은 점이 있다.

1. 주체적으로 결정한다는 기분이 든다.
2. 올바른 선택을 할 확률이 높아진다.

농담이 아니다. 그런 규칙은 정말로 존재한다. 따라서 표를 그려서 계산을 하거나, 나무를 그리면서 고민하고 싶지 않다면 최소한 다음 다섯 가지 규칙을 기억하라.

• 규칙 1: 첫 판단을 고수하라

앞서 11장에서 우리는 왜 다시 첫 결정으로 돌아가는지를 이미 살펴보았다. 그런 성향은 나쁘지 않다. 충분히 검토할 시간이 없으면 처음 착상을 믿고 따르는 것은 꽤 괜찮은 전략이다.

첫 결정을 내릴 때는 자기 자신에게 무엇이 좋은지를 정확히 아는 무의식이 작용한다. 그 분야에서 경험이 있는 경우 특히나 그렇다.

• 규칙 2: 가장 잘 아는 옵션을 선택하라

간단하다. 여러 대안 중에서 신속하게 선택을 내려야 할 때는 자신이 가장 잘 아는 대안을 선택해야 한다.

정말로 그럴 수 있을까? 가능하다. 거기엔 소위 인지 휴리스틱recognition heuristic이라는 원리가 숨어 있다. 복잡하게 들리지만, 이 원리는 결정을 내릴 때 정보를 주의깊게 수집하는 게 아니라 몇몇 두드러진 요인에만 집중하는 식이다.

가령 미지의 제품과 유명 브랜드의 제품 사이에서 선택해야 하는 경우 인지 휴리스틱이 유명 제품 쪽으로 결정할 것을 권한다. 이미 인지한 브랜드가 선택에 영향을 미치는 것이다.

• 규칙 3: 도스의 법칙—찬성 논지가 가장 많은 옵션을 고르라

찬반 논지가 없는 선택지는 없을 것이다. 눈에 잘 띄는 빨간 원피스가 나을까, 아니면 날씬해 보이고 장소와 상관없이 입을 수 있는 검은색이 나을까? 포만감이 느껴지는 큼직한 스테이크가 나을까, 아니면 칼로리가 낮고 기름이 적어 건강에 더 좋은 구운 생선이 나을까? 앞에서 소개한 몇몇 기술들처럼 각각의 결정요소들이 얼마나 커다란 비중을 갖는지를 정확히 따져봐야 할 것이다. 눈에 띄는 붉은색이 좋을지, 날씬한 실루엣을 보여주는 검은색이 좋을지…… 하지만 이렇게 일일이 비중을 따지면 시간이 걸린다. 그렇다고 찬반 논지를 완전히 포기할 수도 없다. 그러므로 각 논지의 질을 따지는 건 그냥 제쳐두고, 찬반 숫자에만 집중하는 것이 어떨까?

바로 이 방법이 도스의 법칙Dawes' rule이다. 가장 찬성 논지가 많은 선택지를 고르는 방식이다. 위험이 큰 결정을 내릴 때는 이 법칙을 반대로 적용할 수 있다. 반대 논지가 가장 적은 대안을 고르면 된다.

• 규칙 4: 대세를 따르라

급박하게 결정을 해야 할 경우 개성만을 고집하기보다 대세에 따르는 것이 더 적절하다. 무감하게 휩쓸려가는 결정이 아니다. 집단지성을 활용하는 것이다. 일이 어떻게 될지 잘 모를 때는 대중의 의견을 따르는 것이 더 나은 경우가 많다는 말이다.

브리티시 컬럼비아 대학의 엘리자베스 W. 던, 하버드 대학의 대니얼 길버트, 버지니아 대학의 티모시 D. 윌슨은 자신의 판단만 고집하는 것과 다른 사람들의 충고를 신뢰하는 것 중 무엇이 더 나은 결과를 가져올지 실험을 통해 알아봤다. 그러자 구매 결정뿐 아니라, 연애 문제에서도 놀라운 결과가 나왔다.

연구자들은 여성 피험자들에게 남성들의 사진을 하나하나 보면서 스피드 데이트 상대를 고르게 했다. 자신이 직접 고를 수도 있고, 다른 여성들의 판단을 믿고 다른 여성들이 대신 고르게끔 할 수도 있었다. 이런 상황에서 대부분은 스스로 데이트 상대를 고르겠다고 했다. 자신의 취향을 누가 더 잘 알겠는가. 그런데 실험 결과는 반대였다. 다른 여성들이 골라준 상대와 데이트를 한 참가자들이 직접 상대를 고른 여성들보다 더 만족한 것으로 드러났다.

• **규칙 5: 성공한 사람들을 따르라**

그럼에도 대중을 좇기 싫다면 전문가 같은 다른 롤모델을 찾을 수도 있다. 전문지식이 부족해 결정이 어렵고, 그런 지식을 확보하자니 시간과 노력이 너무나 많이 필요할 때는 특히 이런 전략이 좋다.

이런 원칙에 착안하여 다양한 컨설팅 사업이 성행중이다. 온라인 주식거래 플랫폼은 수익률 높은 컨설턴트를 따라서 주식을 사고팔게끔 개인 투자자들에게 서비스를 제공한다. 하지만 최고의 전문가들도 간혹 실수할 수 있고, 그 시점이 하필 그들을 따라 한 때일 수도 있다. 하지만 그렇게 따지면, 스스로 판단한 경우도 성공이 보장되지 않는 것은 마찬가지다.

하룻밤 자고 나면, 선택이 달라진다

"일단 잠을 자! 다음날 아침이면 세상이 달라 보인다니까!" 살면서 이런 말을 들어보지 않은 사람은 별로 없을 것이다. 물론 인정한다. 이런 말을 들으면 좀 짜증이 난다. 정신적으로 의지하거나 조언해주기를 기대했는데 잠을 자라고?

하지만 그렇게 터무니없는 조언은 아니다. 실제로 우리 두뇌는 수면중에 학습 내용을 정리하고, 정보를 처리하고, 쓸데없는 정보를 버린다. 무엇보다 수면중에는 결정에 대한 압박을 느끼지 않는다. '얼른 답을 찾아야 해'라는 생각만으로도 머릿속이 새하얘지고 사고가 정지되지 않는 것이다.
그러다보니 우리가 아무것도 하지 않고 아무것도 생각하지 않을 때 좋은 아이디어가 떠오르곤 한다. 바로 자고 있을 때 말이다. 학자들은 이런 상태를 디폴트 모드default mode라고 부른다. 두뇌가 공회전할 때, 즉 '멍때릴 때' 배운 것과 경험한 것이 유독 잘 처리되고 새롭게 연결된다.

도와줘요, 막혔어요! 아이디어가 잘 떠오르는 장소

머릿속이 꽉 막혀서 잠을 자도, 집단지성에 의지해도 조금도 뚫릴 기미가 없다고? 그런 경우 장소의 마술을 활용해볼 수 있다. 예상치 못한 장소에서 영감이 떠오르기도 하기 때문이다.

1. 샤워를 하다 해결책이

샤워실은 누군가에게는 그냥 몸을 씻는 공간이요, 누군가에게는 노래를 마음껏 부르는 공간이다. 그러나 누군가에게는 생각이 명료해지는 공간이다. 어느 설문조사 결과 응답자의 72퍼센트가 샤워나 목욕을 하던 중에 아이디어가 샘솟는다고 답했다.

이와 관련하여 가장 유명한 예는 바로 아르키메데스의 일화일 것이다. 목욕을 하다가 부력의 원리를 깨달은 아르키메데스는 너무나

기쁜 나머지 '유레카'를 외치며 발가벗고 거리로 뛰쳐나갔다. 영화감독 우디 앨런 역시 어느 인터뷰에서 샤워할 때와 면도할 때 유독 영감이 잘 떠오른다고 말했다.

2. 화장실에서 좋은 아이디어가

머릿속을 정리하는 장소는 실제 그 장소의 고요함과는 사뭇 다르다. 온라인 설문조사 결과, 열 명 중 한 명 이상이 "변기에 앉아 있을 때 최고의 아이디어가 떠오른다"고 답했다.

매일매일 화장실에 가는 일은 소위 습관적인 행동이기 때문이다. 우리는 별다른 생각이나 노력 없이 그런 행동을 수행하는데 두뇌에게 이는 '막간 휴식' 시간이다. 이 시간에 두뇌는 완전히 활동을 중단하지는 않지만 생각을 그냥 흘러가는 대로 내버려둔다. 그러다보면 골똘히 생각하고 고민할 때는 결코 떠오르지 않던 좋은 아이디어가 불쑥 떠오르기도 한다.

래퍼 에미넴은 최근 『롤링 스톤』과의 인터뷰에서 "내가 좋은 아이디어를 찾는 곳은 다름아닌 화장실이다"라며, 거기서 딱히 할 일이 없기 때문이라고 밝힌 바 있다.

소변을 참을 때 더 좋은 결정을 내린다고?

어떤 학자가 이런 걸 연구 대상으로 삼았을까 싶은 재미있는 연구 결과가 있다. 다소 장난스럽지만 학문적으로는 진지한 접근이다. 미르얌 투크는 네덜란드 트웬테 대학 연구팀과의 연구 결과 소변이 마려울 때 우리가 더 장기적인 유익을 내다보고 결정을 내린다고 발표했다.

학자들은 이를 '요의 효과(방광 압박 효과)'라는 꽤 학구적인 용어를 붙였는데, 그 비밀은 바로 충동조절에 있다. 우리가 어떤 충동을 조절 가능할 때 다른 충동도 제어 가능하다고 보는 것! 쉽게 말해, 단기적으로 소변을 참을 수 있다면 단기적인 유혹에 굴하지 않고 장기적인 유익을 모색할 수 있는 셈이다.

3. 숲에서 만나는 정신의 불꽃

숲을 산책하면 우리의 정신 역시 말 그대로 방랑을 떠나고, 새로운 지평으로 나아갈 수 있다. 신선한 공기, 다양한 소리, 향기…… 이 모든 것이 머리를 맑게 하고, 문제에 더 자유롭게 접근할 수 있게 도와준다.

연구 결과 너무 힘든 운동이 아닌 경우라면 적당한 활동을 통해 더 나은 결과를 얻을 수 있다. 일리노이 대학의 찰스 힐먼은 신체를 움직이며 약간 쉬는 것만으로도 한결 두뇌활동이 증가한다는 사실을 증명했다. 운동을 한 피험자들은 반응시간과 집중력이 개선되었고, 여러 과제의 동시 수행도 탁월히 해냈다. 그러므로 생각이 자꾸 늘어지고, 결정이 껌처럼 눌어붙어 지지부진할 때는 숲으로 나가라.

참조할 만한 사례는 한둘이 아니다.

뉴턴은 1686년 정원에서 떠가는 구름을 보며 생각에 잠겨 있다가 사과가 떨어지는 모습에 중력 법칙을 인식했다. 베토벤은 점심식사 후에 꽤 오랜 시간 산책을 했고 종이와 연필을 늘 가지고 다녔다. 찰스 디킨즈는 오후에 규칙적으로 최대 세 시간가량이나 신선한 공기를 마시며 산책을 했으며, 키르케고르는 산책에서 돌아오면 모자와 지팡이와 우산을 책상 옆에 팽개친 채 곧장 글을 쓰곤 했다.

4. 카페에서 나누는 신선한 아이디어

유쾌한 사람들과 모여 담소를 나누다보면, 오랫동안 헤맸던 문제가 명확하게 풀린다. 많은 프리랜서들이 단골 카페에서 새로운 힘과 신선한 생각을 충전하는 것도 이 때문이다. 신선한 커피향만으로도 그런 긍정적인 효과를 얻는 데 부족함이 없다. 서울대학교 연구팀이 발표한 결과에 따르면 커피향은 스트레스를 감소시키고, 우리를 더 활기 있고 결단력 있게 만든다.

5. 자동차 안에서 떠오르는 영감

교통 상황은 어차피 당신이 개입하지 않아도 뒤죽박죽이니까 신경쓰지 말라는 얘기가 아니다. 오히려 반대다. 운전에 집중하면서 음악도 듣고 흥겨운 노래도 읊조리다보면, 모르는 사이에 결정을 내릴 조건이 만들어진다. 이런 트릭은 다른 장소에도 적용된다. 내려야 할 결정에 집중하는 대신, 다른 것에 집중하기만 해도 갑자기 깨달음이 찾아온다.

이케아 전 임원인 페트라 헤서는 인터뷰에서 핸들을 잡고 있을 때 간혹 좋은 해결책이 떠올라, 신호가 바뀌었는데도 출발하는 걸 잊어버리곤 한다고 말했다.

권총 테스트: 초를 다투는 결정

숲에서 충분히 산책을 하고, 카페도 가보고, 뜨거운 물에 샤워를 해봐도, 어찌해야 할지 전혀 모를 때가 있다. 그런 상황에서 권총 테스트gun test가 도움이 될 수 있다. 하지만 걱정하지 마시라. 정말로 총을 쏘는 것은 아니다.

호전적으로 느껴지는 이 테스트는 스탠퍼드 대학 하소 플래트너 디자인연구소의 버나드 로스가 고안했는데 그는 어떻게 하면 삶을 변화시키는 중요한 결정을 좀더 쉽게 내릴까 자문했다. 대부분은 이런 결정을 특히나 힘들어했고, 이 과정에서 막다른 골목에 이르곤 했기 때문이다.

그리하여 버나드 로스는 다음과 같은 방법을 고안했다. 학생들이 어려운 결정을 앞두고 어찌할 바를 몰라 그에게 상담하러 오면 손가락으로 가상의 권총을 만들어 그의 가슴에 겨누며 이렇게 말했다. "자, 자네에게 정확히 15초를 주겠네. 그 안에 결정을 못 하면 방아쇠를 당기겠네."

물론 처음엔 좀 황당할 것이다. 뭐 이런 정신 나간 교수가 다 있지? 하지만 로스는 이 방법이 강력한 심리 효과를 이용하는 아주 유용한 방법이라고 변호한다. 그는 자신의 책 『성취 습관』에서 이렇게 설명한다. "결국 권총 테스트에서 선택한 길을 가지 않더라도, 이런 연습으로 많은 사람이 겪는 커다란 결정의 압박감이 해소되는 데 도움이 된다. 그렇게 모두는 결국 개인적인 결정에 다가가게 된다."

권총 테스트는 간단하며 결과가 빨라 막힌 문제를 해결하는 효과적인 방법이 될 수 있다. 또한 결정 초기에는 올바른 방향을 알려주는 중요한 암시가 되기도 한다. 나중에 결정을 변경한대도, 아니 변경할 수 있기 때문에 말이다.

버나드 로스는 우리 모두 결정에 대한 답을 마음속으로 인식하기에 권총 테스트는 직접적으로 결정을 내리는 역할을 하기보다 우리가 결정내릴 수 있음을 보여주는 방법이라고 설명한다. 결정을 해야 한다는 사실에 괴로워하는 사람들을 정말이지 홀가분하게 해주는 인식이 아닐 수 없다.

14장

내가
원하던 건
이게
아니었어

왜 우리는 뒤늦게 후회할까?

내 친한 친구인 다니엘은 좀 변덕스러운데 그 모습이 재미있기도 하고 귀엽기도 하다. 함께 식사하러 갈 때마다 다니엘은 메뉴판을 보고 즉흥적으로 메뉴를 정한다. 그러고는 (내가 다른 메뉴를 주문한 경우) 내 몫으로 나온 음식을 보자마자 약간 부러운 듯 내 음식을 쳐다보며 이렇게 말한다. "오! 네 것이 더 괜찮아 보이네. 좀 기다려서 네가 뭘 고르는지 볼걸. 그럼 나도 그걸로 주문했을 텐데……"

하지만 다니엘이 그렇게 했더라도 결과는 똑같았을 것이다. 이런 작은 변덕은 진짜 시기나 부러움과 다르다. 오히려 일상에서—외식이나, 쇼핑, 또는 다른 여가 활동을 할 때—종종 관찰할 수 있다. 아무리 잘 준비하고, 조사하고, 계획했더라도, 스스로의 결정이 금세 불만스러워지고 다른 선택지가 갑자기 더 매력적으로 다가온다.

크건, 작건, 중요한 일이건, 소소한 일이건 간에 일단 결정하고 나면 스스로 선택한 것의 매력은 퇴색되어버리고, 모든 다른 대안들이 상상의 무대에 오른다. 일이 성공적으로 마무리되면—특히 남자들의 경우—우선 행복 호르몬이 분비되는 정신적 보상이 주어진다. 하지만 이런 세로토닌 믹스에 불쑥 의심이 더해진다. 많은 장점이 있고, 충분히 만족하고 행복해할 현상태가 점점 더 비판적으로 보인다. 가령 다니엘은 먹음직한 스테이크를 앞두고서도 갑자기 내 접시에 놓인 생선을 보며 저게 더 저녁 식사로 먹기에 부담 없고 칼로리도 낮았을 텐데 싶은 것이다. 거기에 사이드디시도 한몫한다. '왜 난 기름진 감자튀김을 골랐을까, 그냥 샐러드로 할걸, 최소한 채소 종류를 선택할걸.' 주문할 때는 생각만 해도 입안에 침이 고였던 스테이크가 이제는 양심의 가책을 일으킨다.

좋은 충고나 이성적인 설명을 건네도 이런 감정이 쉽게 가시지 않는다는 점이 특히 난감하다. 영어로 말하자면 "You cannot unsee"다. 이제 우리 선택의 좋지 않은 면만 보이고, 전처럼 긍정적으로 보지 못한다. 이런 비교는 적절치 못할 뿐 아니라 선택을 할 때 일어났던 지각의 오류를 자꾸 주목하게 된다. 그리고 우리가 선택할 수도 있었을 대안에 대해 미련만 남긴다.

이런 현상이 일어나는 이유는 불안 때문이다. 요즘 젊은 세대를 가리켜 FOMO라고 한다. the fear of missing out, 즉 뭔가를 놓칠까봐 불안해하는 세대라는 것이다. 바로 스마트폰 때문이다. 많은 사람들이 스마트폰을 손에 달고 살며 친구, 지인, 그 외 사회적 네트워크로 연결된 사람들이 지금 뭘 하는지를 들여다본다.

페이스북이나 트위터 등의 타임라인을 접하면 두려움은 더욱 커진다. 다른 사람들이 나보다 더 재미있게 사는 것 같은데? 다른 사람들이 먹는 음식이 더 좋아 보이고, 그들의 모임이 더 재미있어 보이고, 자주 휴가를 가는 것처럼 보인다. 한번 생긴 불만족스러움은 쉽게 사라지지 않고, 우리의 일상과 기분을 망쳐놓는다. 이 얼마나 멍청한 일인가!

두뇌가 부리는 농간에 넘어가지 말자. 언제나 방어태세를 취하라. 이런 효과를 막을 수 있는 몇 가지 팁이 있다.

• **완벽한 선택은 없다**

자신이 선택한 선택지의 단점이 보이는 것은 피할 수 없더라도, 다른 대안에도 단점이 있다는 사실을 기억하는 편이 중요하다. 선택하지 않은 대안들을 공연히 추켜올리지 말라. 다른 대안들의 단점들을 생각해보거나, 결점을 목록으로 적어봐도 좋다. 완벽한 해결책은 존재하지 않는다고 생각한다면 우리 선택에 조금이나마 만족할 것이다.

• **선택의 장점만을 보라**

당신의 선택지의 장점을 생각해보자. 친구들 혹은 가족들에게 그 장점에 대해 계속 이야기해보자. 그러면 의심이 사그라진다. 이야기하면서, 그리고 지인들의 긍정적인 피드백을 받으면서 그 선택을 더 즐겁게 받아들일 수 있다.

뒤늦게 불만이나 의심과 싸우기보다는 애초에 키우지 않는 편이 더 영리하다. 두 가지 트릭이 그렇게 할 수 있도록 도와줄 것이다.

1. 안전장치를 마련하라

많은 기업들이 이미 오래전부터 이런 심리 효과를 활용해, 고객들의 수월한 선택뿐 아니라 장기적인 만족을 위해 노력중이다. 즉 고객들이 물건을 구입한 뒤 마음이 바뀌면, 그들에게 교환이나 환불할 권리를 보장해준다. 여기서 중요한 점은 이런 기회를 정말로 활용한다기보다는, 그렇게 보장함으로 "원한다면 할 수 있다"며 정서적 안정감을 준다는 사실이다.
늘 마음이 오락가락하는 사람들에게는 그렇게 뒷문을 열어두는 게 유용할 수 있다. 물론 이런 덫에 걸려들어 계속해서 결정을 철회하지 않는 한 말이다.

2. 자신의 결정력을 믿으라

간혹 스스로의 결정력을 꽤 괜찮다고 인정하기만 해도 만족감이 더 높아질 수 있다. 스스로 늘 잘못된 선택을 한다고 믿는 사람이라면 자신의 선택에 대해 결점과 모난 점을 더 눈여겨 보기 마련이다. 자신을 비판하는 대신, 스스로 최상의 결정을 내릴 수 있다고 믿으면 반대로 자기충족적 예언이 작용될 수 있다.

집단의 의사결정은 왜 모두의 뜻과는 다른 방향으로 이루어질까

1974년 조지워싱턴 대학 교수였던 제리 하비는 아내, 장인, 장모와 함께 고향인 애빌린에 가기로 했다. 그들은 서로 다른 가족들이 기분전환해야 한다고 생각해 일을 추진했다. 하지만 사실 모두가 찌는 듯한 더위에 에어컨도 나오지 않는 낡은 차를 타고 애빌린에 가기보다는 집에 머물고 싶어했다. 모두

속으로는 집에 그냥 있고 싶어했는데 어쩌다 여행을 가게 된 것일까?

가족들이 만장일치로 애빌린행을 결정한 이유는 다른 사람이 그러고 싶어한다고 생각했기 때문이었다. 즉, 만장일치로 난 결정이 사실 잘못된 추측에 기인한 것이었다. 서로 허심탄회하게 대화해야만 다른 사람들이 그 결정을 달가워하지 않는다는 사실을 알 수 있다. 반면 아무 의견을 내지 않는 것은 종종 동의로 오인된다. 이런 효과를 애빌린 패러독스 또는 투사편향(6장을 참조)이라 한다. 이런 현상은 다행히 두 가지 간단한 전략으로 대처 가능하다.

1. 자기 의견을 솔직하게 이야기하라

집단적 의사결정에서는 이 전략이 최선이다. 다른 사람들에게도 자기 의견을 말할 기회를 주어야 한다. 다소 용기가 필요하나 더 나은 결과에 이를 수 있다.

2. 다른 사람의 의견을 물어보라

조금만 부추겨도 사람들은 대개 금방 솔직한 대답을 쏟아낼 것이고, 이로써 오해를 피할 수 있다.

15장

목표가 명확하면 선택이 쉬워진다

내 목표는 무엇인가?

목표를 모르는 사람은 어디로 가야 하는지도 모른다. 그러다보면 어찌할 바를 모르고, 다양한 선택지 앞에서 우왕좌왕한다. 자신의 행동에 확신이 없기 때문이다.

캐나다 칼턴 대학의 심리학자 패트릭 힐 연구팀은 20세에서 75세 사이의 미국인 7000명을 대상으로 14년간 장기 연구를 진행했다. 참가자들이 지닌 삶의 목표에 대해 주기적으로 조사했는데, 다음 세 가지 문장에 대해 참가자들이 어떻게 생각하는지 주목했다.

- 목표 없이 살아가는 사람이 많지만, 나는 그런 사람이 아니다.
- 나는 지금, 현재를 살고 앞날은 생각하지 않는다.
- 나는 때로 삶에서 이룰 건 다 이루었다 싶다.

연구 결과, 목적의식이 있는 사람은 그렇지 않은 사람에 비해 더 건강하고, 삶에 더 만족했다. 더 놀라운 사실은 고령임에도 아직 뚜렷한 삶의 목표가 있다고 대답한 참가자들이 목표 없이 지내는 동년배보다 장수했다는 점이다.

무엇보다 목표를 갖는 것은 올바른 결정을 내리는 데 굉장한 도움이 되며, 결단력을 갖추게 해준다. 확실한 지향을 가진 사람은 중요한 것과 중요하지 않은 것을 더 잘 구별할 수 있다.

하지만 어떤 목표를 세우는 것이 바람직할까? 구체적 목표를 어떻게 정할 수 있을까? 단기적인 목표와 장기적인 목표를 구분하는 것이 도움이 된다.

단기적 목표는 조망할 수 있는 것이라야 한다. 곧바로 마라톤을 뛰려고 해서는 안 된다. 규칙적으로 긴 구간을 달려본 적 없는 사람이 갑자기 42킬로미터가 넘는 구간을 달릴 수는 없다. 일단 매일 10킬로미터씩 뛰어보는 편이 좋다. 5킬로미터도 좋다. 그래야 금방 좌절하고 실망해서 포기하지 않는다. 여기서 중요한 점은 자신의 강점을 살려야 한다는 것이다. 단기적인 목표는 강점을 반영할 때 이루기 쉽다. 가령 외국어의 문법이나 구조에 취약한 사람이라면, 중국어 습득을 단기적인 목표로 잡아서는 안 될 것이다. 목표를 정하기 전 그 목표의 난이도를 따져보고, 자신의 능력치를 감안해 정직하게 조율해야 한다.

반면 장기적 목표는 약간 도전적이어야 한다. 계획은 있지만 당장 이룰 수는 없는 목표다. 가령 직장에서 승진하기나, 바닷가 별장을 살 돈을 모으기 등등…… 단기 계획은 100미터 달리기다. 결승점이 눈에 보이는 가운데, 전력을 다해서 결승선을 끊어야 한다. 반면 장기적 목표는 도보여행과 같다. 몇 달, 혹은 몇 년 걸리는 계획이다. 중간에 오르막을 만나기도 하고 예상치 못한 일을 겪기도 한다. 이런 장기 목표를 잃지 않으려면 그때그때 장기 목표와 상응하는 단기 목표를 정하는 것이 중요하다. 이른바 구간 목표 말이다. 그렇게 작은 성공을 경험하면, 더 긴 기간에 일관되게 목표를 추구하기가 더 수월해진다.

이렇듯 목표를 장기와 단기로 나누어 시간적 틀을 부여했지만, 그것만으로는 아직 부족하다. 계획을 실현하기 위해서는 목표를 구체적인 문장으로 표현해보는 것도 중요하다.

• 구체적으로 정의하기

새해를 맞이하면 우리는 "올해부터는 열심히 운동해야지" 하고 결심한다. 하지만 이런 결심은 처음부터 실패하는 거나 다름없다. 그렇게 모호하게 표현하면 계획이 추상적으로 다가올 뿐이다. 결심을 가능하면 구체적으로 표현하고, 계획을 자세히 세워야 한다. 어떤 운동을 할 것인가? 혼자 할 것인가, 아니면 누구랑 같이 할 것인가? 얼마나 자주 하고 싶은가?

• 글로 적어보기

목표를 종이에 적어보자. 그러면 생각이 더 구조화되고, 그 계획을 정말로 실현해야 할 것 같은 의무감이 생긴다. 해야 할 일이 명확하게 다가오며, 계획한 바를 자꾸 생각해보게 된다. 메모를 어디에 붙일지는 각자의 마음이지만, 냉장고나 욕실 거울이나 컴퓨터 모니터 등 늘 마주할 수 있는 장소가 좋을 것이다. 그렇게 하면 늘 목표를 잊지 않고 실행해야 한다는 의무감이 든다.

• 긍정적으로 표현하기

단어 선택만으로 의욕을 불러일으킬 수도 있고, 사그라지게 할 수도 있다. 가령 "더이상 뚱뚱한 몸은 싫다"라고 말해보자. 이 문장이 저녁에 단 음식을 먹는 대신에 피트니스 센터로 발걸음을 옮기게 할까? 별로 효과가 없을 것이다. 이런 표현은 계획을 처음부터 부정적인 감정과 연결시킨다. 스스로를 격려하는 편이 더 낫다. "올여름에는 멋진 비키니 수영복을 입자!"라는 식으로 말이다. 언어는 지각에 영향을 미친다. 긍정적이고 고무적으로 목표를 표현하면 태도가 달라진다.

연습: 삶의 영역 점검하기

삶의 각 영역을 살피면서 잠재적인 목표를 설정해보자. 각 질문들을 통해 우선 당신의 현상태를 살펴보고, 더 이루고 싶은 바람이 있는지를 생각해볼 수 있다.

두번째 단계로 '목표'와 관련한 질문들에 대답해보자. 표의 오른쪽 빈칸에 간단히 메모해보자. 목표를 글로 적어보면 그것을 실천해야 한다는 의무감이 생긴다는 건 앞서 이미 이야기했다.

자, 이제 현재 상태부터 체크해보자.

가족과 친구	
행복한 결혼 생활을 하고 있는가?	

가족들과 문제는 없는가?	
편하게 마음을 나눌 가까운 친구는 누구인가?	

직업과 커리어	
나의 능력과 직무가 잘 맞는가?	
내 직무에서 어떤 성과를 냈는가?	
일터의 환경과 임금에 만족하는가?	

건강과 신체	
수면 시간이 충분한가?	
일상에서 얼마나 스트레스를 받는가?	
건강한 식생활을 하고 있는가?	
운동을 충분히 하고 있는가?	

주거환경	
집에 있으면 편안한 기분이 드는가?	
집을 내 마음에 들게 꾸며놓았는가?	

주거환경이 안전한가?	

자금	
현재 재정 상태는 어떠한가?	
다달이 들어가는 고정비는 어느 정도인가?	
여윳돈을 저축할 만큼 소득이 충분한가?	

여가와 취미	
어느 정도의 여가 시간이 있는가?	
여가 시간에 무엇을 하는가?	
기나긴 하루 일과를 마친 뒤 무엇을 하며 충분한 휴식을 취하는가?	

현재 상태를 점검했다면 이제 목표를 정할 차례다. 무엇을 하고 싶은가, 무엇을 변화시키고 싶은가?

가족과 친구	
배우자, 자녀를 위해 더 많은 시간을 내고 싶다면 어떻게 조정할 수 있을까?	
배우자를 더 행복하게 해주기 위해 무엇을 할 수 있을까?	

다양한 활동으로 새로운 인간관계를 만들 수 있을까?	

직업과 커리어	
더 계발해야 할 업무능력은 무엇일까?	
직무와 관련해 어떤 경험을 더 하고 싶은가?	
커리어의 정점은 어떤 모습일까?	
이직하거나 독립하고 싶은가?	

건강과 신체	
건강에 좋지 않은 습관이 있다면 무엇인가?	
어떻게 하면 규칙적으로 운동할 수 있을까?	
스트레스를 줄이기 위해 무엇을 할 수 있을까?	
더 건강한 식사를 하기 위한 방법은 무엇일까?	

주거환경	
집에서 어떤 부분을 바꾸면 좋을까?	
다른 지역이나 국가로 이주하면 좀더 이상적인 주거환경에서 살 수 있을까?	

자금	
돈을 모아 무엇을 마련하고 싶은가?	
자금을 모으기 위해 지금보다 절약할 수 있는 부분은 무엇일까?	
노후대비를 어떻게 할 수 있을까?	

여가와 취미	
어떤 활동으로 일상에 변화를 줄 수 있을까?	
여가 시간을 어떻게 하면 더 잘 활용할 수 있을까?	
늘 꿈꾸던 취미는 무엇인가? (서핑, 요트, 패러글라이딩……)	

모든 질문에 답했다면, 이제 오른쪽 칸에 바람과 계획이 채워져 있을 것이다. 이제 우선순위를 정해야 한다. 즉, 여기서도 역시 결정이 필요하다는 얘기다.

이제 다시 한번 메모한 것들을 보면서, 각 삶의 영역에서 주된 목표를 정리해보라. 각 분야에서 하나씩만 목표를 정해라. 본질적인 부분에 집중하고 에너지를 모으기 위해서다.

다음과 같이 목표를 정리할 수 있다.

"매일 한 시간씩 아이들과 놀아주고, 한 달에 한 번은 배우자와 단둘이서 맛있는 걸 먹으러 가겠다."

이 계획을 어떻게 실현할 수 있는지 적어보자. 가령 일주일 동안의 여가시간 계획을 세워볼 수도 있고, 나중에 배우자와 함께 가보고 싶은 맛집 목록을 작성해볼 수도 있다. 대략 윤곽을 잡는 것으로 충분하다.

삶의 영역	목표	이를 실현하기 위해 필요한 것
가족과 친구		
직업과 커리어		
건강과 신체		
주거환경		
자금		
여가와 취미		

복잡해 보이는 연습이었지만, 그 과정에서 전에 의식하지 못했던 삶의 목표들을 알아차리게 되었을 것이다. 삶의 목표를 인지하는 일은 한두 번으로 끝나지 않는다. 우리는 평생 이 과정을 반복해야 한다. 때로는 우선순위와 목표가 바뀔 수도 있고, 때로는 이미 들어선 길이 별로 좋지 않을 수도 있고, 좀더 가보니 그 목표가 처음에 생각했던 것만큼 추구할 만한 가치가 없다는 걸 깨달을 수도 있다. 그걸 배우는 과정 또한 중요하다! 자기성찰과 자기인식은 행복을 위한 노

력과 비례한다. 그러면서 점점 더 좋은 결정에 이르게 된다. 물론 우리가 자신에게 솔직하다는 전제하에 말이다.

16장

우리는 평생 몇 개의 직업을 갖게 될까

"왜 그 일을 하세요?"

큰 회의나, 레스토랑이나 바에서 열린 파티에서 두 사람이 처음 만나면, 늘 이 질문이 오간다. "무슨 일을 하세요?" 별로 실패할 일이 없는 질문이다. 이런 질문을 통해 상대방에게 관심을 표할 수 있고, 상대는 스스로에 대해 말할 기회를 가지게 되기 때문이다. 대답을 통해 상대에 대해 더 많이 알게 되며, 그러다보면 계속 대화를 이어나갈 새로운 연결고리를 발견할 수도 있다.

하지만 "무슨 일을 하세요?"라는 질문보다 더 재미있는 건 "왜 그 일을 하세요?"라는 질문이다. 물론 스몰토크를 시작하는 질문으로서는 그다지 적절하지 않지만—약간의 비난이 섞인 것처럼 들리므로—그래도 생각을 자극하는 질문이다. "어쩌다보니 그렇게 됐죠, 뭐"라는 대답은 만족스럽지는 않지만, 때로는 정직한 대답이다. 하지만 상당히 우연하고, 수동적이고, 우유부단하게 들리긴 한다.

대부분 학교 졸업을 앞두면 부모나 친구들에게 이런 질문을 받는다. "졸업하면 뭐 할 거야?" 좋은 질문이다. 많은 사람들은 자신의 바람을 떠올리며, 원하는 커리어와 프로필을 그려보고, 금전적 독립과 자아실현도 생각한다. 이중 어떤 것들은 이룰 수도 있겠지만, 매일 여덟 시간씩 매여 있다가 집으로 돌아오기만 반복하게 되는 경우가 많다. 그러면 우리의 삶은 리애나의 노래처럼 된다. "일해, 일해, 일해, 일해, 일해(Work, work, work, work, work)." 일 이외의 모든 건 사라져버린다. 사실 직업은 자기 정체성을 만들고 개성을 표현하는 자기 자신의 또다른 모습일 텐데 말이다.

우리를 행복하고 충만하게 만드는 직업, 도전 의식을 북돋우면서도 지나치게 부담스럽지 않으며, 우리 성향에 잘 맞고 성장 가능성을 제공하면서도 그리 스트레스가 되지 않는 직업, 가족과 취미를 위해 충분한 여가 시간을 낼 수 있는 직업. 우리 모두 그런 직업을 원한다. 이토록 조건이 많으니, 직업 선택이 삶에서 가장 힘든 결정이 되는 것도 놀랄 일이 아니다.

다시 이렇게 자문해보라. "무슨 일을 하세요?" 이제 즉흥적으로 답해보자. 뭐라고 대답하겠는가? 본능적으로 어떤 대답이 떠올랐는가?

대부분 이런 식으로 대답할 것이다. "저는 영업사원이에요" "저는 엔지니어예요" "저는 부동산 중개업자예요" "저는 자영업자예요" "저는 교사예요" 별생각 없이 이렇게 답할 것이다. 나쁘지 않다. 어떤 단어를 쓰는지만으로도 자신의 현재 직업에 만족하고 있는지, 정말로 자신이 하는 일에 열정을 갖고 있는지를 어느 정도 알 수 있다.

어떻게 그걸 알 수 있을까? 자, 그럼 대답의 유형을 살펴보자. "저는 의사예요"라고 말하는 대신, "병원에서 일해요"라고 답할 수도 있다. 앞선 버전과 뭐가 다르냐고? 두번째 버전에서는 직업 활동이 자신의 인격과 연결되지 않고 그냥 일로서, 어딘가에 고용된 사람으로서만 묘사된다. 따라서 이런 질문에 어떻게 답변하느냐를 보면 스스로를 직업과 얼마나 동일시하는지, 자신의 직업을 소명으로 느끼는지 아니면 그냥 생계수단으로 생각하는지가 드러난다.

이제 원래 질문으로 돌아가보자. 우리는 직업을 왜, 어떻게 선택할까? 대부분 자신의 강점과 재능을 고려하여 그에 맞는 직업을 물색하고, 그 직업의 전망은 어떤지, 그 직업을 얻기 위해 어떤 교육이나 연수를 받아야 하는지를 알아보고 비교한 다음 자신에게 가장 좋아 보이는 길을 선택한다. 나쁘지 않은, 체계적인 접근이다. 이를 위해 우리가 이미 12장에서 살펴본 결정 기법들을 활용할 수도 있다.

하지만 놀라운 사실은 우리가 생각처럼 그렇게 독자적으로 직업을 선택하지 않는다는 것이다. 물론 원칙상으로는 모두가 하고 싶은 일을 할 수 있다. 하지만 '잠재적 영향'을 무시할 수 없다. 이것은 직업 선택에 상당히 강력한 영향을 미친다.

우선 경제적 기준이 있다. 일하고 싶은 분야의 전망이 어두운 경우, 많은 사람들은 미심쩍어하며 그 분야의 일을 하고 싶은 마음을 접고 금전적으로 안정된 직업을 선택한다.

사회적 요인도 하나의 기준이 된다. 우리는 가족들이 어떤 일을 하는지 보며 자랐고, 친한 친구들이 어떤 커리어 계획을 가지고 있는지, 동급생들이 졸업 후 무슨 일을 하려는지를 들어왔다. 이 모든 것이 우리에게 상당한 영향을 미친다.

남과 좀 다르게 살기를 바라고 튀고 싶은 사람이라면 직업 선택이 결코 자유롭지 않다. 주변 사람들이 가진 직업은 자연스럽게 배제하게 된다. 그런 직업이 자신에게 잘 맞을지도 모르는데 말이다.

성역할에 대한 고정관념도 비슷한 영향을 미친다. 직업 성향에 대해 남녀 간의 경계가 점점 더 허물어지고 있기는 하지만, 학생들을 대상으로 한 조사를 보면, 아직도 남녀의 직업 영역을 구분짓는다는 걸 알 수 있다. 남학생들은 주로 기술이나 영업, 비즈니스 쪽을 생각하고, 여학생들은 의료 계통이나 사회 분야, 예술 쪽의 진로를 생각한다.

이런 잠재적 영향은 구직 과정에서도 드러난다. 내가 운영중인 구직 사이트에 매달 약 200만 명이 들어와 채용정보를 살펴본다. 물론 조회는 완전히 익명으로 이루어지지만, 통계를 내볼 수는 있다. 방문자들은 일자리를 검색할 때 으레 지금까지 일해본 경험이 있는 분야이거나, 친구나 가족들이 그쪽 일을 하고 있어서 친숙한 직업 분야처럼 아주 구체적으로 직업을 찾는 경우가 많다. 하지만 그렇게 하면 결과는 새로운 것이 별로 없고, 이미 아는 일을 두고 할지 말지를 결정하는 정도밖에 되지 않는다.

다시 말해, 우리는 잠재적인 영향 때문에 새로운 방향으로 나아가지 못한다. 말로는 자유롭게 직업을 선택한다지만 사실은 그렇지 않으며, 상당한 제한이 있다. 우리는 우리가 아는 직업을 선택한다.

바꿔 말해 자신에게 가장 잘 맞는 직업을 좀더 자유롭게 선택하고 싶다면, 지금까지의 관심을 거스르는 방식으로 지평을 넓혀야 한다. 언론에서 전혀 들어보지 못한 직업에 대해 나오면 의식적으로 거기에 관심을 기울여라. 새로운 직업을 발견하면 그에 대한 기사들을 찾아보라. 대체 어떤 일을 하는 걸까? 그 직업을 가지면 어떤 일상을 보내게 될까? 그 직업을 갖기 위해 어떤 자격을 갖추어야 할까? 새로운 매체들이 생기고, 디지털화가 이루어지면서 5년 전만 해도 결코 생각하지 못했던 새로운 직업들이 많이 생겨났다. 세상은 당신을 무조건 기다려주지 않아도(그것은 우리 모두 마찬가지다), 당신은 오래전부터 이미 이런 직업을 기다리고 있었을지도 모른다. 잠재적인 영향이 잠재적인 무시로 이어져서 이런 기회를 놓친다면 유감스럽지 않겠는가.

자아실현인가, 높은 연봉인가

가능하면 편견 없이 직업 선택을 하고픈 사람도 두 가지 주제를 비껴갈 수 없다. 자아실현과 돈이다.

자아실현은 1970년대 이후 확산되기 시작했다. 경제 성장이 우리를 눈뜨게 만들었달까. 그뒤로 일은 더이상 단순한 돈벌이 수단이 아니라, 의미를 비롯해 여러 보이지 않는 가치를 부여해야 하는 대상이 되었다. 그런데 흥미롭게도 유럽을 기준으로 1990년대 후반에서 2000년대 초반에 또다른 경향이 생겨났다. 많은 사람들이 이제 워크라이프밸런스Work-Life-Balance를 추구하게 된 것이다. 워크라이프밸런스는 자아실현과 비슷해 보이지만, 사실 완전히 상반된다.

워크라이프밸런스를 이루기란 현실적으로 굉장히 어렵다. 삶과 일은 서로 긴밀하게 연결되어 있고, 서로를 북돋고, 열매 맺게 한다. 직업과 사생활 사이의 완벽한 균형, 기막힌 밸런스는 가능하지 않다. 이것은 환상이며, 이런 환상을 이용해 많은 자기계발 트레이너와 저

술가들이 돈을 번다.

사람은 나면서부터 불균형한 존재다. 그 사실은 나쁘지 않다. 불균형은 행동을 이끌어내고 창조성을 발휘하게 하는 엔진이다. 기업인, 경영자, 이 밖에 유명인들 중 자신의 내적 불안을 못 이겨 좀더 나아지려고 발버둥치다 성공한 사람들이 많다. 균형은 오히려 삶의 리듬과 관련돼 있다. 삶의 단계마다 우리는 새롭게 우선순위를 결정해야 한다. 어떤 때는 직업이 우위를 점하고, 어떤 때는 사생활이 우위를 점한다. 따라서 라이프와 워크의 밸런스가 아니라, 직업을 가지고 살아가는 삶의 리듬이 중요하다.

일이 우리의 집중력과 에너지를 온전히 요하는 시기들이 있다. 심지어 하루 열 시간, 열두 시간, 혹은 그 이상을 말이다. 그러면 잠이 부족해지고, 친구들과의 만남이 사치처럼 여겨진다. 그러나 이런 시기가 지나가면, 보통 이를 만회할 수 있는 여유로운 시기가 온다. 어떤 때는 길게, 어떤 때는 짧게. 이런 변화들만으로도 어느 정도 균형이 잡힌다. 그리고 긴장도 생긴다.

자아실현도 할 수 있다. 자신의 직업을 좋아하고, 거기서 스스로를 펼치고, 계속 발전해나갈 수 있는 사람은 일한 시간을 헤아려 저녁에 그 시간들을 보상받으려 하지 않는다. 그럼에도 요즘 들어 사람들은 점점 직업과 소명으로부터 멀어져간다. 내가 보기에 그 원인은 돈이다.

물론 자아실현과 높은 연봉이 맞물릴 수도 있다. 그러나 자아실현과 돈은 상대적 관계인 경우가 많다. 사람들은 선택의 기로에 놓인다. 스스로를 펼치고 실현할 직업을 원하는가, 아니면 되도록 많은 돈을 버는 직업을 원하는가?

불규칙한 수입에 만만치 않은 스트레스를 감수하면서까지 예술에 열정을 쏟아야 할까? 아니면 재미있고 진로의 폭이 넓은, 하지만 분명히 열정은 그리 느껴지지 않는 경영학 공부를 계속해야 할까?

회사를 선택하는 것도 마찬가지다. 작은 기업에서 일하면서 좀더 자유롭고 좀더 주도적으로 아이디어를 개진시키고, 프로젝트를 밀어붙일 수 있을지도 모른다. 그러나 대기업에 들어가면 연봉이 중소기업의 두 배 이상이고, 몇 년 뒤 더 높은 직급으로 승진할 기회도 주어진다. 그 밖에도 이력서에 기록할 때나 친구들이 물을 때 잘 모르는 회사 이름을 대는 것보다 "아우디에 근무해"라고 만인이 다 아는 회사를 대는 편이 더 멋져 보인다. 그 대신 아주 커다란 톱니바퀴의 부품이 된 듯해질뿐더러, 자신이 회사 전체의 성공에 어떤 기여를 하고 있는지 가늠할 수가 없다. 이것이 직업과 관련한 결정의 핵심이자 요점이다. 대부분의 사람들은 자아실현을 원하면서도, 그로 인한 결과는 감수하지 않으려 한다. 가령 자아를 실현하는 대신, 안정적이고 벌이가 좋은 직장을 포기해야 한다면 말이다.

마음의 소리를 따라, 정말로 자신의 심장을 뛰게 하는 일에만 집중하는 것은 바람직하다. 스스로 세운 목표를 이미 이룬 사람은 그때의 환희가 생생할 것이다. 하지만 그렇게 되리라는 보장은 없다(물론 많은 사람들은 안정된 직장에서도 그런 보장은 없다는 걸 간과한다).

어떤 직업을 선택할지 물어보는 건 질문 자체가 이미 잘못된 걸지도 모른다. 평생 하나의 직업으로만 사는 경우가 줄어들고, 소위 패치워크 커리어patchwork career가 증가하는 만큼 "무엇이 될 것인가" 라는 질문은 점점 더 시대에 뒤떨어진 진부한 질문이 되어간다.

부디 오해하지 말기를. 물론 목표를 세우고, 의식적으로 그 목표를 선택한 뒤, 한결같이 매진하는 일은 중요하다. 하지만 '무엇이 될 것인가'의 그 '무엇'은 계속 바뀔 수 있다. 다행히 오늘날 당신은 가장 적합한 직업을 당장 찾아 평생 그 일만 할 필요는 없다. 직업 선택을 대충 해도 좋다는 일종의 허가증은 아니지만 그래도 최종 선택에 대한 압박감은 좀 줄어든다.

그보다 자신의 직업적 여정을 좀더 넓은 시각에서 바라보는 일이 중요하다. 첫 직업은 중요한 도약대이며, 처음으로 직업 전선에 뛰어드는 것은 인생의 터닝포인트가 된다. 하지만 그로써 삶이나 인생의 목표가 완전히 좌지우지되지는 않는다. 파트너나 가족 등 다른 삶의 영역들도 한번 떠올려보고, 이런 영역들이 세월이 흐르면서 당신의 직업적 목표와 어떻게 조화를 이룰 수 있을지 생각해보라.

더 중요한 질문은 '무엇이 될 것인가'가 아니라, '어떤 사람이 될 것인가?'인지도 모른다. 무엇이 될 것인가와 형태는 비슷하지만, 인격적인 발전과 삶에서 생겨나는 감정과 관련하여 상당한 차이가 있다.

나는 어떤 사람이 될 것인가?

이는 '왜 그 일을 하는가 vs. 무엇을 위해 그 일을 하는가'라는 질문과 비슷하다. 이 둘은 비슷해 보이지만 시각이 완전히 다르다. 장차 어떤 사람이 될 것인가를 자문하는 사람은 자신의 야망과 에너지를 일시적인 유행에 휘둘리지 않는 지속적 가치에 쏟는다. 이런 가치는 결코 빼앗길 수 없고, 잘 충족될 경우 계속하여 높아진다. 무엇보다 원인과 결과가 건강히 어우러진다. 그러면 인격의 성장 과정에서 자연스럽게 커리어가 쌓이고, 경쟁에서 해방되어 이상적 인간상을 추구하는 것이 우선순위가 된다. 다른 사람과 경쟁하는 것이 아니라, 스스로가 원하고 선택한 이상적 상태로 나아가고자 하는 것이다.

직장을 옮길까, 좀더 다닐까?

전문 직종의 인력들은 이직을 자주 한다. 평균 4년에 한 번꼴이다. 이런 현상은 경영, IT, 엔지니어, 보건의료, 연구개발 분야의 전문 인력에게서 두드러진다. 통계적으로 볼 때 전문 인력은 일반 회사원들보다 이직률이 더 높았는데, 독일의 경우 일반 회사에 취업한 사람 둘 중 한 사람은 적어도 10년은 지나야 직장을 옮기는 것으로 나타났다.

하지만 점점 모자이크처럼 점점이 옮겨다니는 이력의 사람들이 늘어나고 있다. 이직을 결정하는 문제에서 가장 큰 역할을 하는 요소는 예상대로 고용주(사용자)에 대한 연대감이다. 그러나 놀랍게도 입사 2년차에 이미 위기가 온다. 그러고 나면 전문 인력의 약 3분의 1이 이직을 한다. 네 사람 중 한 사람은 2년에서 5년 사이에 이직을 계획하며, 약 15퍼센트는 1년도 안 되어 배를 갈아탄다.

물론 통계치는 계속 변한다. 이런 조사는 순간 포착에 지나지 않기 때문이다. 그러나 남을 것이냐, 옮길 것이냐라는 딜레마에 주기적으로 봉착한다는 것은 의심할 수 없는 사실이다.

자, 어떻게 해야 할까? 물론 이직할 이유가 분명한 경우에는 고민할 필요 없다. 가령 심한 왕따를 당한다거나, 상사와 만성적으로 갈등을 빚는다거나 하는 경우는 얼른 회사를 뜨는 것이 좋을 것이다.

하지만 상황이 늘 그렇게 분명하고 간단하지는 않다. 보통은 뭐라고 딱히 말하기 힘든 혼란스러움뿐이다. 게다가 불만족을 느끼자마자 퇴사해버리는 것은 뒤돌아보면 너무 성급하고 충동적인 결정이었다는 생각이 들 때가 많다. 사실이다. 그러므로 속으로 이직을 고려하는 경우, 이직하고 싶은 마음이 드는 이유와 그 근거들을 정확히 분석해야 할 것이다.

이직에 합당한 이유와 그렇지 않은 이유들이 있고, 그것들을 분명히 구분해야 한다. 그냥 사표를 던져버릴 수도 있지만, 이후 그 행동이 몰고 올 파장은 상당히 크고 장기적이라, 힘든 한 주를 보내고 난 뒤 느껴지는 비참한 감정을 넘어서는 경우가 많기 때문이다. 그러므로 다음 요인들을 결정 도우미로 활용해보라.

이직을 고려해볼 수 있는 경우

• 건강상의 이유. 쇼펜하우어는 "건강이 전부는 아니다. 하지만 건강 없이는 모든 것이 허사가 된다"라고 말했다. 분위기 때문이든, 스트레스 때문이든, 동료들 때문이든, 일이 사람을 병들

게 한다면, 브레이크를 걸고 건강에 신경을 써야 할 것이다.

- 너무 단조롭고 도전의식을 일으키지 못하는 경우. 모든 업무가 도전이 될 필요는 없다. 하지만 계속해서 지루하다면 문제가 있다. 모든 일은 도전을 필요로 한다. 도전을 통해 성장할 수 있기 때문이다.
- 전망이 어두운 경우. 우리는 더 나아지기를 원하고, 뭔가에 도달하고, 목표를 실현하고자 한다. 승진의 전망도 없고, 발전 가능성도 없는 등 현재의 일자리가 장래성이 없어 보인다면 그 일자리에 대한 매력은 빠르게 상실되고, 다른 일자리가 더 매력적으로 다가올 수도 있다.

한번 더 생각해봐야 할 경우

- 부쩍 좌절감이 드는 경우. 운수 나쁜 날은 누구에게나 있다. 되는 일이 하나도 없고, 다 때려치우고만 싶은 날. 이런 시기가 꽤 오래 지속될 수도 있다. 하지만 화가 난다고 너무 성급하게 상사의 책상 위에 사표를 내던져서는 안 된다. 심한 말을 내뱉으면서는 더더욱. 그러면 한 번 더 건너가야 할 다리마저 무너뜨리는 결과를 초래할 수도 있다(그것이 단지 추천서 한 장 받는 일일지라도 말이다).
- 부정적인 피드백. 상사의 꾸지람을 듣고 싶어하는 사람은 아무도 없다. 비난받는 것은 어느 경우든 불쾌하다. 비난의 말이 구구절절 옳은 말일 때, 혹은 자신에게 중요한 부분을 건드릴 때

는 특히나 그렇다. 하지만 지적을 받을 때는 오히려 그냥 스포츠맨 같은 자세로 받아들이는 게 좋다. 다소 심한 꾸지람을 들었다 해도 그것으로 끝내자. 물론 상사가 계속 이유도 없이 불평하고, 인신공격을 하고, 직원들을 상대로 매일 사사건건 트집잡는 경우라면 이야기가 다르다. 그런 경우는 이직을 고려할 만한 이유가 될 것이다.

- 뜻밖의 실수를 저지른 경우. 일을 하다보면 정말로 중대한 실수를 하는 경우가 있다. 자신 때문에 중요한 고객을 잃는 사태가 발생할 수도 있다. 그러면 정말 쥐구멍에라도 들어가고 싶고, 당장이라도 벌떡 일어나 뛰쳐나가고 싶다. 하지만 그러지 않는 게 좋다! 책임을 지는 것, 그리고 실수를 통해 배워 다시는 그런 실수를 반복하지 않는 것이 더 바람직하다.

17장

변호의 기술

내 결정을 정당화할 필요는 없다

선거가 끝나면, 다시 선거가 시작된다. 정치권에서 유래한 말이지만, 이 책에서는 이렇게 바꿔볼 수 있겠다. 선택이 끝나면, 또다른 선택이 시작된다. 즉 선택을 해도 결정 과정은 끝나지 않는다. 결정을 하고 나면 으레 그 결정을 변호해야 할 것 같아진다. 결정의 영향이 우리뿐 아니라, 가족, 동료, 직원, 회사 전체에 미치는 경우는 더욱 그렇다. 그러면 빠르든 느리든 다음과 같은 질문에 직면하게 된다. 당신은 왜 그렇게 결정했나요? 왜 다른 결정을 내리지 않았나요?

일단 좋다. 그런 질문을 감안하면 말도 안 되는 결정이나, 자의적인 결정은 하지 않을 것이므로. 이상적인 경우에는 말이다. 추후에 결정을 변호해야 한다는 사실은 결정 자체를 바꾸기도 한다. 물론 늘 긍정적인 방향으로 이어지지는 않더라도.

바젤 대학의 베냐민 샤이베네의 실험을 보자. 연구팀은 119명의 실험 참가자들을 몇 개의 그룹으로 나누어 자선단체와 자선조직 목록을 보여주면서 그중 한 곳에 1유로를 기부할 의향이 있는지를 질문했다. 각 그룹은 다섯 개, 마흔 개, 여든 개의 자선단체 중 하나를 고를 수 있었다. 자선단체들 중에는 작고 이름 없는 단체도 있었고, 잘 알려진 단체도 있었다. 참가자들 중 절반은 선택을 한 뒤 왜 그 단체를 골랐는지 설명해야 했다.

결과는 이러했다. 자신의 결정을 변호하기로 예정된 사람들은, 설명하는 데 부담을 느꼈던 탓인지 제시된 자선단체 개수가 적은 경우보다 많은 경우에 기부를 하겠다는 사람이 더 적었다. 반면 결정을 변호할 필요가 없었던 사람들은 선택지 수에 상관없이 더 많은 이가 기부 의사를 표명했다.

미국 플로리다 대학의 행동경제학자 애너 셀라는 한 걸음 더 나아갔다. 그는 다양한 종류의 아이스크림을 준비하여, 실험 참가자들에게 초콜릿 아이스크림, 바닐라 아이스크림뿐 아니라, 과일 셔벗과 저지방 다이어트 아이스크림 중에서 고르도록 했다. 자, 이쯤 되면 예상할 수 있을 것이다. 왜 이 아이스크림을 골랐는지를 설명해야 했던 참가자들은 설명하기 좋게끔 건강한 아이스크림을 골랐다는 걸 말이다.

자신의 선택을 변호해야 한다는 생각만 해도 선택은 달라진다. 그냥 맛있어서, 혹은 스트레스를 받아서 칼로리를 따지지 않고 초콜릿 아이스크림을 골랐다고 말하기란 쉽지 않기 때문이다.

자신의 결정을 변호해야 하는 경우, 우리는 다른 사람들이 어떻게 생각할지 감안해 결정을 내린다. 그리고 이유에 대한 답을 마음속으로 준비해둔다. 자녀들이 "아빠, 아빠는 왜 엄마랑 결혼했어요?"라고 묻는다고 상상해보자. 이런 상황에서 뭐라 대답해야 할지 몰라—아내가 버젓이 옆에 있는데도—우물쭈물 말을 더듬는 상황은 상상만으로도 심장이 쿵쾅거린다. 물론 십분 이해는 가지만 말이다. 잘못 말하면 일주일간 거실 소파에 편안히 누울 수 없게 될지도 모른다.

우리가 결정을 내릴 때마다 주변 사람들은 그 결정에 뭔가 합당한 이유가 있을 거라고 기대한다. 전공을 바꾸거나, 직장을 때려치우거나, 이사하거나, 자기 사업을 시작하거나, 머리색을 바꾸는 등 거의 모든 결정을 내릴 때 그렇다. 단순히 "그냥 그게 좋을 것 같았어"라는 말로는 충분하지 않다. 그렇게 말하면 사람들은 의아해하며 쳐다본다. "고작 그런 이유야?"라며 말이다.

유감스럽게도 가족이나 친구, 동료들 중에 왜 그런 결정을 했느냐고 캐묻는 사람이 꼭 있다. 물론 물어볼 권리가 있지만, 나의 압박감은 거의 죄책감으로 치닫는다. 합당한 이유를 애써 생각하지 않고 그냥 하고 싶어서 할 수도 있는 일 아닌가. 다른 사람 앞에서 자신의 입장을 정당화해야 한다는 점은 자유로운 결정을 어렵게 만든다. 다른 사람들에게 조종을 당하는 형국이랄까. 그럼에도 사람들은 답변하고, 설명하고, 선택의 이유를 제시하는 걸 의무처럼 여긴다. 어리석게도 말이다.

이미 말했듯이, 구분이 필요하다. 자기 자신에게만 국한되는 결정을 굳이 변호하고 정당화할 필요가 없다. 스스로 왜, 무엇을 위해 그런 결정을 내렸는지 생각해보는 것은 나쁘지 않지만, 그 모든 것은 결국 개인적인 일에 불과하다.

그러나 주변 사람들에게도 영향을 미치는 결정이라면 좀 다르다. 그런 경우라면 배우자에게, 친구들에게, 또는 동료나 상사에게 왜 그런 결정을 내렸는지 설명할 수 있어야 한다. 가능하면 합리적이고 영리하게 설명해야 한다. 그러지 않으면 상당히 생각 없고, 경솔해 보이기까지 한다.

변호와 변명은 다르다

결정을 변호해야 하는 경우도 있지만, 무조건 자신의 결정을 변호하고 싶을 때도 있다. 왜 그런 결정을 할 수밖에 없었는지, 자신의 결정을 다른 사람에게 설명해주고 싶어진다.

이는 대부분 불안 때문이다. 다르게 말하자면, 자신의 선택에 대해 주변 사람들에게 양해를 구하고 싶어서다. 우리가 모든 설명, 모든 이유를 대는 이유는 딱 한 가지다. 자신의 결정을 확인받고 싶어서, 일종의 안정제를 원하는 것이다.

하지만 다른 사람들에게 확인받는 것이 왜 그리 중요할까? 대부분은 세 가지 동기 때문이다.

1. 지지받고 싶은 마음

많은 결정들은 중대한 결과를 초래한다. 가령 다니던 직장에 사표를 던지고 독립하는 것은 불확실한 미래로 나아가는 일이다. 잘될 수도 있지만, 잘 안 될 수도 있다. 그 결정이 정말 옳은지 예상해보고 판단을 내리는 것은 참으로 골치 아픈 일이다. 그럴 때 누군가 우리에게 "좋은 선택이야! 나라도 그렇게 했을 거야!"라고 말해준다면 정말 안심이 된다.

물론 그렇게 말해주는 사람도 미래가 어떻게 될지는 알지 못한다. 하지만 그가 내 선택을 평가해주고, 확인해주고, 좋다고 해줌으로써 (최소한) 선택에 함께한 것이다. 그런 말을 들으면 우리는 이제 더이상 혼자가 아닌 것 같고, 힘들 때 전화해서 조언이나 지지를 구할 수 있는 지지자를 얻은 듯해진다.

실패했을 때 누군가를 탓하기 위해 이런 상황을 이용하는 사람도 있을 것이다. "네가 그때 나한테 직장 그만두라고 했었잖아!"라고 따질 수 있으니 말이다. 약간 유치하고, 인격적으로도 미성숙한 일이지만 어쨌든 현재 좀더 수월히 결정을 내릴 수 있게 된다. 이것은 다음 동기와도 연결된다.

2. 결과에 대한 두려움

격려를 받으면 선택의 결과를 받아들이기가 더 쉬워진다. 내가 왜 그렇게 결정했는지를 다른 사람들이 알고, 이해하고, 지지해준다는 생각이 머릿속에 강해진다.

따라서 우리는 사람들을 내 편으로 만들고, 나쁜 일이 있어도 혼자서만 마음고생을 하지 않기 위해서 스스로를 변호한다. 그러면 그에 따른 결과들이 그리 힘들게 다가오지 않는다. 나아가, 더이상의 변호를 할 필요가 없다. 결정 과정에서 이미 변호를 끝냈기 때문이다.

3. 자기 이미지를 개선하기 위해

불안감 때문에 자기변호를 하는 경우도 있지만, 긍정적인 자기 이미지를 만들기 위해 변호하는 경우도 있다. 이런 결정에 합당한 이유를 가지고 있었음을 공공연히 보여줄 수 있는 것이다.

이러면 모든 일이 잘 이루어졌다 싶어지며, 자신의 행동이나 결정력에 대한 미심쩍음은 싹조차 내밀 수 없다. 결정은 그렇게 불가침의 영역으로 남는다. 만세!
그러나 이런 경우 대부분 특정 이미지를 만들기 위해 사회적 가면을 쓰게 된다. 하지만 이건 꽤 위험한 일이다. 그렇게 만들어진 자아상은 누군가 생채기를 내면 흔들려버리기 때문이다.

자기결정의 변호는 이렇게 모순적이다. 하지만 중요한 것은 우리가 변호를 하는 방식이다. 처음에는 단순하게 들리지만, 이후 계속적인 영향을 미치기 때문이다. 우선 변호와 변명을 구분해야 한다. 실전에서는 이런 구분을 의식하지 못하는 경우가 많고, 그로 인해 생겨나는 문제들도 상당하다.

- 변호는 논지를 제시하며, 자신의 결정이 옳다는 사실을 다른 사람에게 납득시키는 것이다. 자신의 행동이 옳았다고 생각하며, 다른 사람이 그것을 이해할 수 있도록 설명하는 것이다.
- 이와 대조적인 것은 변명이다. 변명은 자신의 실수에 대해 다른 사람에게 이해와 양해를 구하는 것이다. 따라서 변명하는 경우 해당 결정이 잘못되었음을 인정하며, 사정이 그리된 것을 유감스러워한다.

이렇게 구분해보면 어느 지점에서 위험해지는지가 명확해진다. 변호에 열을 올리다보면, 변호는 빠르게 변명으로 둔갑한다. 뭔가 잘못된 결정을 내렸다 싶어지고, 손해를 최소화하고자 애쓰게 된다. 그러면 자연스레 상대방이 알아차리게 되고, 이제 상황에 대한 설명은 자기변명이 되어버린다. 그러면 상당히 무안해진다.

변호의 네 가지 기술

대부분 변호는 유감스럽게도 나도 모르는 사이에 진행된다. 주변 사람에게 결정을 알려야 할 상황이 되면, 자동으로 설명이 시작되고 사전 방어가 이루어진다. 여러 번 변호를 거듭하다보면, 질문이 더 많이 나오고 상황은 더 나빠진다(급기야 결정을 신뢰할 수 없게 되어버린다). 그러면 압박은 더 커지고, 말은 더 궁색해지며, 독자적인 결정에 대한 믿음은 땅에 떨어진다. 전형적인 악순환이다.

이 고리를 끊으려면 자동 변호 장치를 끄고, 수동 조종으로 재전환해야 한다. 우리가 감정적으로 휩쓸릴수록, 결정을 변호하고 우리 입장을 설득력 있게 설명하기는 더 힘들어진다.

물론, 차가운 머리와 야무진 논지로 무장했다고 해서 성공이 보장되는 것은 아니다. 아무리 논리에 맞는 말이나 증거를 제시해도 벽에 대고 말하는 것처럼 상대에게 먹히지 않을 수도 있기 때문이다. 상대가 무시와 악의, 몰이해의 태도로 일관할 수 있다. 그럼에도 변호를 시도해봐야 한다. 특히나 효과 좋은 변호들이 있다. 물론 각각 특유의 약점이 있기는 하지만 말이다.

- **"모든 정보를 염두에 둔 거야."**

  대부분의 사람들은 확실한 사실, 명백한 증거, 그에 입각한 결정을 좋아한다. 합리성이 이기는 것이다. 따라서 모든 논지를 고려했다는 변호는 굉장히 설득력 있다. 이런 방법을 활용하고 싶다면, 어떤 정보들을 고려했는지를 언급할 수 있어야 한다.

  고려할 점: 이런 방식으로 결정을 변호하려면 상당한 노력이 든다. 필요한 '모든' 정보를 고려해야 할 의무가 있기 때문이다. 중요한 측면이나 정보가 누락되었음이 드러나면, 중요한 증거들을 얼마나 많이 제시했느냐와 상관없이 해당 결정은 곧장 성급하거나 순진한 것으로 보인다.

- **"이미 경험해봤어."**

  경험을 언급하며 변호하는 것 역시 잘 먹힌다. 나 혹은 관계되는 사람이 이미 경험해봤으므로 그런 결정이 맞다고 확신한다면 대부분 고개를 끄덕인다. 결정자와 변호를 듣는 사람 사이에 공유된 정보가 균형을 이룰 때는 이 기술이 특히 잘 통한다.

  고려할 점: 모든 경험이 적용 가능한 것은 아니다. 일상에서 수많은 결정을 내리지만, 결정을 내릴 때마다 우리는 낯선 땅에 들어간다. 각각의 상황은 우리가 아직 경험하지 못한 것이기 때문이다. 경험을 참조할 수는 있지만, 완전히 똑같은 상황이 아니

라면 신빙성 있는 논지가 되지 못한다.

- **"그냥 좋은 의도에서 그러는 거야."**

이는 상당히 감정적인 논지다. 도덕에 호소하면서 동시에 자신의 진심과 성의를 알아달라는 수사학적 트릭이다. 자신의 좋은 의도를 강조하는 것은 결국 상대방에게 공을 넘기는 셈이다. 상대방은 이제 그의 논지를 바탕으로, 그럼에도 그 결정이 좋지 않은 이유를 설명해야 한다.

고려할 점: 상대가 집게손가락을 치켜들고는 진정한 의도가 뭐냐고 캐물을 수 있다. 그러면 사실 좋은 의도는 연막탄에 불과하고, 배후에는 결정한 사람이 토로했던 진심 어린 의도가 별로 없었다는 것이 드러난다. 하지만 그런 상황에서도 자기기만에 빠져, 정말로 좋은 의도가 아니었지만, 좋은 의도였다고 버틸 확률이 크다.

또한 좋은 의도만으로는 충분하지 않은 경우가 많다. 어떤 결정이 결과적으로 파국으로 치달으면, 좋은 의도였다는 변호는 그냥 변호일 뿐 아무 짝에도 도움이 되지 않는다.

- **"모두에게 잘하려다보니 그랬어."**

역시나 감정적인 변호다. 잘해주려는 마음 때문이었다는 말은 듣기 좋다. 대부분 이런 말을 들으면 기분이 좋아져서 그것을 얼른 수긍하고 싶어한다.

고려할 점: 모두에게 맞추려면 타협해야 하고, 100퍼센트 동의하지 않는 선택지를 고를 수밖에 없다. 더 중대한 사실은 이런 변호에는 결정에 대한 비판이 내포되어 있다는 점이다. 모든 시각을 고려한 결정이었다고 변호할 수 있지만, 최상의 선택을 하지 못했다는 뉘앙스를 풍길 수밖에 없다.

18장

후회 없는 선택이란 없다

성공적인 결정을 내렸다는 걸 어떻게 알 수 있을까?

앞서 이야기한 내용을 뒤집어보자. 자기 자신 그리고 지인들 앞에서 스스로의 결정을 변호할 수 있다면, 성공적인 결정을 내린 거라고 말할 수 있을까?

잠깐, 이 말은 원인과 결과를 혼동하고 있다. 나중에 얼마나 설득력 있게 자신의 선택을 변호할 수 있느냐로 그 결정이 성공적인 결정인지를 판가름할 수는 없다. 잘못된 결정도 적절한 것처럼 변호할 가능성은 너무나 크다. 어떻게든 꾸며대거나, 수사학적 트릭을 사용하거나, 그때는 잘 몰랐다는 식으로 말이다. 상황이나 일이 돌아가는 형국이 계획을 망쳐놓았다고 말하면, 더이상 개인의 책임이 아닌 것처럼 보인다. 곤란한 상황에서 빠져나오자마자 잘못된 결정을 아주 멋지게 변호할 말이 생각나기도 한다. 그러니 그럴싸하게 변호할 수 있다고 해서 다 성공적인 결정이라고 할 수는 없다.

그렇다면 목표로 판가름하는 건 어떨까? 향수를 사러 간 사람은 기분 좋고 오래가는 향을 찾을 것이다. 식당을 고르는 중이라면, 맛있는 음식을 먹으며 분위기 있는 저녁 시간을 보내고 싶을 것이다. 각각의 결정이 지닌 성공 조건을 충족한다면, 그 결정은 성공적이었다고 말할 수 있지 않을까?

언뜻 보면 그렇다. 하지만 그때만이다. 결정이 성공했는지 아닌지는 옳다, 그르다라는 기준으로 가르는 것과는 전혀 다른 이야기다. 많은 사람들은 그것을 동의어로 여기겠지만 말이다.

무슨 소리인지 모르겠다고? 자, 그럼 개인적인 예를 들어보겠다. 나는 총 20여 년, 그중 비르트샤프츠보헤에서의 13년을 뒤로하고 지난 2011년 언론계 생활을 청산했다. 그때까지는 언론계 일을 두루 거쳤다. 하지만 점점 지루하고 틀에 박힌 생활을 이어갔으며, 직업적 전망도 불투명했다. 명함에 '편집장'이라는 직함을 박기 위해 계속 매진하는 것은 의미가 없어 보였다.

대신 (당시로서는 새로웠던) 소셜미디어 쪽이 훨씬 매력적이었다. 특히 블로그 말이다. 나는 출판계의 광활한 가능성을 보았다. 유감스럽게도 (역시나 당시로서는) 그렇게 생각하는 사람이 그리 많지 않았다. 대부분의 동료들은 그것을 또하나의 인터넷 버블로 해석하면서, 소셜미디어와 인터넷은 너무 과대평가되고 있다며 나를 너드로 몰아세웠다. 물론 내가 너드라는 건 틀리지 않은 진단이었지만.

그러나 산업계 사람들의 관점은 좀 달랐고 나는 이른바 소셜미디어 매니저라는 직함으로 자리를 옮겼다. 그리고 2년간 쾰른의 전기회사에서 소셜미디어 전략을 개발했다. 일은 꽤나 도전적이었다. 무엇보다 전기 회사는 소위 러브 브랜드lovebrand에 속하지 않기 때문이었다. 솔직히 누가 뭐하러 전기회사의 팬이 되겠는가?

그러나 페이스북 팔로어가 3만 3000명을 넘어섰고, 회사 공식 블로그는 몇몇 상을 받았다. 주목도도 높았고 영향력 또한 상당했다. 하지만 그렇다고 해서 직업을 바꾸기로 한 내 결정이 성공적이었다고 할 수 있을까? 물론 훌륭한 회사였고, 동료들도 아주 좋았다. 그러나 몇 가지 목표를 이루었다고, 심지어 초과 달성했다고 하여 내가 행복했을까?

놀랍게도 그렇지 않았다. 2년 차가 되자 점점 더 확실해졌다. 기업은 내가 있을 곳이 아니라는 생각이 들었다. 회의도 너무 많았고, 결정 절차도 너무 오래 걸렸고, 사사건건 보고를 거쳐야 했다. 상사들도 모두 그렇게 생각했다.

다행히 2년만 계약한 상태였으므로, 그 기간이 끝나면서 자연스럽게 일을 그만두었다. 그런데 그때부터가 문제였다. 언론계로 다시 돌아가기는 싫고, 그렇다고 일반 기업도 이제 매력적이지 않았다. 나는 스스로에게 물었다. "언제가 좋을까? 지금이 내가 독립할 수 있는 최고의 시기가 아닐까?"

지금은 간단하게 들리지만, 당시로서는 정말 쉬운 결정이 아니었다. 프리랜서가 되기로 결심하고 처음에는 밤에 자다가 식은땀을 흘리며 깨어나 "지금 뭘 하고 있는 거니? 정말 미쳤어? 네겐 처자식이 있잖아!"라고 스스로를 다그친 적이 많았다.

프리랜서는 물론 잘되면 매력적인 업무 형태다. 하지만 처음에는 모든 것을 스스로 조직하고, 조율하고, 일구는 데 정말로 많은 에너지와 인내심과 자신의 결정에 대한 믿음이 필요하다. 지금은 이런 결정을 조금도 후회하지 않는다. 하지만 당시에는 정말 의심스러웠다. 하지만 다행히 내게는 좋은 친구도 많았다.

왜 이 이야기를 꺼냈을까? 나는 두 번의 결정을 내리고 두 개의 목표를 세웠다. 단기적으로 보면 두 경우는 정말로 성공적이었다. 하지만 돌아보면 전기회사로의 우회는 성공적인 결정은 아니었을지도 모른다. 독립하고 싶다는 바람을 2년간 늦추었으니까 말이다. 당시 나는 더 안전한 도전을 선택했던 것이다. 프리랜서로 독립하고 싶은 원래의 도전에는 감히 나설 수가 없었다.

자, 이제 이의를 제기하는 사람들이 있을 것이다. 기업에 들어간 것도 어느 쪽이 더 맞는지 확실히 알아보기 위해 필요했던 과정이 아니었느냐고 말이다. 때로는 돌아가는 일이 직선 코스보다 더 빠르게 목표에 도달할 수도 있다는 걸 기억하느냐고 말이다. 이 말도 맞다. 내가 무슨 말을 하려고 하는지 이미 알 것이다. 두 가지 결정 모두 옳았다. 다만 각각의 선택이 성공적이었느냐는 쉽게 평가할 수 없는 문제다.

어떻게 결정하느냐에 따라 지금까지 포착되지 않았던 곁길에 이를 수도 있고, 완전히 다른, 그러나 훨씬 더 좋고 더 성공적인 결과를 낼 수도 있다. 성공적인 결정처럼 보였던 것도 훗날 실수로 드러날 수 있다. 그러므로 모순적으로 들리지만, 시행착오의 원칙이 중요하다.

이제 약간 철학적인 이야기를 해보자. 언제나 단번에 완벽해질 필요는 없다. 대부분의 경우는 도무지 완벽해지기 어렵다. 따라서 우리는 시험해보고, 가능성을 고려해보고, 관련성을 찾아내고, 실수로부터 배우면서 계속 나아간다. 잘못된 결정일지라도 모든 결정은 장기적으로 보면 우리를 목표에 더 가까이 데려다주며, 결과적으로는 그래서 성공적인 결정이라 할 수 있다.

단번에 완벽한 직업을 찾는 사람은 거의 없다. 많은 사람들은 한두 번 직장을 옮겨다니다가 직업을 바꾸기도 한다. 그 일이 생각처럼

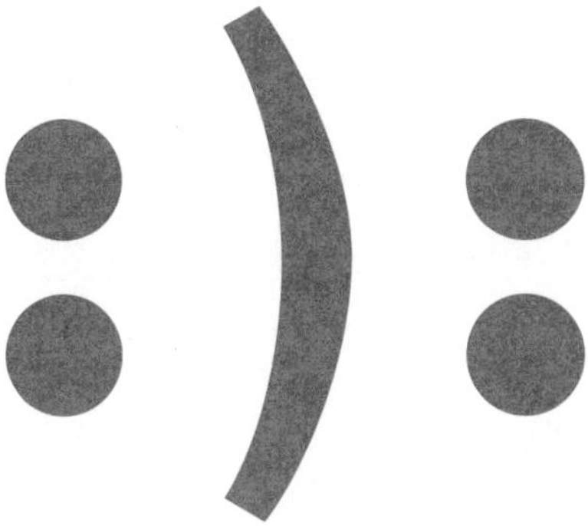

본인에게 맞지 않는다는 사실을 확인했기 때문이다. 그러면 화가 나고 좌절을 느낄까? 물론 그럴 것이다. 직업처럼 중요한 일을 잘못 결정했다고 느끼면 처음에는 자신감이 많이 떨어진다. 게다가 경력이 단절되어버렸으니 말이다. 그렇다고 그 선택이 실패했다고 말할 수 있을까?

그렇지 않다. 위 그림처럼 말이다. 고개를 어느 쪽으로 두느냐에 따라 웃는 표정이 될 수도, 우는 표정이 될 수도 있다.

왜 잘못된 판단을 내리게 될까?

종종 이런 일이 생긴다. 우리의 선택이 빗나가는 일. 잘못 선택했다는 사실이 드러나고, 아, 내가 어떻게 그걸 생각하지 못했지 하면서 머리를 쥐어박는 순간.

패를 얼핏 쓱 보고 좋다고 여겨 가진 돈 전부를 판돈으로 걸어버린 포커 게이머를 상상해보자. "올인!" 하지만 잭팟을 터뜨리는 대신 무참하게 패배해버린다. 이럴 수가!

다행히 대부분의 경우 잘못된 결정은 삶에 그리 장기적인 영향을 미치지 않는다. 주말 여행을 위해 비행기와 호텔을 예약했는데, 하필 비가 억수같이 퍼붓는다든가 정도다. 잘못된 일기예보로 하필 일 년 중 가장 비가 많이 오는 날에 여행을 할 수도 있다. 정말 불운한 일이다. 하지만 잠시 화가 나는 정도이지 오래오래 낭패를 당했다는 생각은 들지 않는다.

하지만 두고두고 곱씹게 되고, 친구들이 이야기만 꺼내도 정말 싫은 과거의 잘못된 결정들도 있다. 그사이 모든 것이 다 좋게 전개되었는데도 말이다. 이런 경우 어떻게 대처해야 할까?

여기서도 우선 더 이전으로 돌아가, 어쩌다가 그렇게 되었는가를 자문해야 한다. 대체 왜 우리는 그런 잘못된 판단을 했을까? 여러 가지 이유가 있을 것이다.

• 잘못된 정보

안다고 실수하지 않는 것은 아니다. 힘들여 조사했다고 해서 그 정보가 정확한 건 아니기 때문이다. 가령 지원하는 일자리에 대해 속속들이 다 알아보았다고 확신해도, 막상 그 일터에 들어가 경험해보면 다를 수 있다. 사무실 분위기도 좋지 않고, 업무는 지루할뿐더러 자율성을 발휘할 여지도 전혀 없다. 세상에!

잘못된 정보는 정보의 원천 탓일 수도 있다. 정보를 구하다보면 미화된 정보도 많고, 사실과는 다른 정보가 유통될 수도 있고, 너무 오래된 정보라 신뢰할 수 없는 경우도 있다. 구글은 반드시 최신 결과를 맨 위쪽에 위치시키는 것이 아니라, 알고리즘적으로 중요한 결과를 맨 위쪽에 배열한다. 따라서 눈에 확 들어온 정보가 거의 3년 전의 것일 수도 있다. 그동안에 인력이 다 교체되었을 수도 있고, 점포가 개편되었을 수도 있다. 변화 속도가 빠르다보니 많은 것들은 몇 시간만 지나도 바뀌는 일이 허다하다. 그러므로 오래되었거나 잘못된 정보에 근거한 판단 착오는 점점 더 자주 일어난다.

• 착각과 실수

적절한 정보가 있다고 해서 모든 선택을 성공적으로 할 수 있는 것은 아니다. 이를 올바르게 해석할 수 있어야 한다. 사고의 오류를 다룬 6장만 보아도, 우리가 얼마나 빠르게 잘못된 결론, 잘못된 선택으로 나아갈 수 있는지를 알 수 있다.

압박감으로 인해 이런 오류를 저지를 수도 있고, 너무 좋아서 실수할 수도 있다. 들떠서 매매계약 혹은 임대계약서에 사인하고 싶어 안달이 난 경우에는 작게 인쇄된 글씨나 숨은 결함을 못 보고 넘기기 쉽고, 이런 보이지 않는 결함이 나중에 크게 불거질 수도 있다.

• 타인의 속임수

잘못된 결정이 늘 스스로 저지른 실수의 결과인 것만은 아니다.

다른 사람들이 의도적으로 당신을 속여서 그런 결정을 하게 만들기도 한다. 정보를 누락하거나, 잘못된 조언을 함으로써 당신에게 상당히 불리한 결정을 하게 만들 수도 있다.

그런 일이 벌어지면 법적으로 대응하여 손해를 최소화해야 하는 경우도 있다. 그러나 늘 그렇게 법적 다툼을 불사할 수는 없다. 그러므로 결정을 앞두고서는 상대가 나의 결정을 통해 자신의 이익을 추구하는 것은 아닐까 비판적 질문을 던져봐야 한다. 조금이라도 미심쩍은 마음이 든다면, 사기를 당할 위험이 상당히 높다고 할 수 있다.

•그저 운이 없어서

이런 이유로 일이 잘못되었음을 알게 되면 상당히 좌절감이 든다. 아무에게도 책임이 없기 때문이다. 모든 것을 똑바로 했고, 중요한 최신 정보들을 다 구하여 심사숙고해서 결정을 했으며, 서두르지도 않았고, 당신을 속이려는 사람도 없었다. 그럼에도 완전히 결과가 빗나가버린 것이다. 이렇게 부당할 수가. 하지만 이보다 더 화가 나는 것은 앞으로도 이런 일을 막을 수 없다는 사실이다. 실수로부터는 배울 수 있지만, 운명으로부터는 배울 수가 없다. 단 하나 위로라면, 이런 일은 누구에게나 일어날 수 있다는 사실이다.

잘못된 결정을 막는 비결이나 보장 같은 것은 존재하지 않는다. 어떤 원인들은 연습을 통해 (그리고 이 책을 통해) 줄여나갈 수 있고, 오류의 원천도 최소화할 수 있다. 하지만 불운은 어찌할 수가 없다. 중요한 것은 어떻게 대처하느냐다.

잘못된 결정에서 최선의 해결책을 끌어내라

여러분 모두 자기 인생 최대의 실수를 잘 기억하고 있을 것이다. 그런 실수는 생각만 해도 얼굴이 화끈거리고 이런저런 부정적인 감정이 몰려온다. 지금까지 잘못된 결정으로 상당한 금전상 손해를 보았거나, 사람을 잘못 믿어서 사기를 당했다거나, 이런저런 방식으로 어리석은 행동을 저지른 일이 한 번도 없었던 사람은 아마 없을 것이다. 이런 불운한 일만 떠올려도 화가 나는데, 엎친 데 덮친 격으로 또다른 감정 하나가 끼어든다. 바로 수치심이다.

자신의 어리석은 결정을 낱낱이 밝히고 싶은 사람은 아무도 없다. 더구나 다른 사람들 앞에서 그렇게 하기는 정말이지 싫다. 스스로를 멍청한 상황으로 몰아넣고 체면을 손상시키기란 참으로 창피한 일이다. 창피함은 사람을 작아지게 만든다. 위대한 천재라도 기가 죽고, 내 보잘것없음이 드러난 기분이, 스스로 멍청해진 기분이 든다. 무엇보다 다른 사람들의 비웃음을 사게 된다. 사람들이 놀리고 비아냥거리는 말을 귀담아듣지 않고, 대수롭지 않게 웃어넘기려면 정말로 무뎌져야 한다.

몬트리올 콩코디아 대학의 심리학자 이저벨 부비어는 어떻게 하면 후회스럽고 수치스러운 일을 몇 주 몇 달씩 곱씹지 않고 빠르게 극복할 수 있는지를 연구했다. 참가자들에게 우선 멍청한 결정을 했던 개인적인 경험들과 그때의 감정들을 이야기하게끔 했다. 아니나다를까, 그런 일들을 떠올리는 것만으로도 참가자들은 힘들어했다.

그러고 나서 부비어는 참가자들에게, 이 결정으로 어쩌면 본인보다 다른 사람들이 더 힘들지 않았을지 질문을 던졌다. 그러자 사람들은 후회스러움과 창피함을 더 빠르게 극복할 수 있었다. 상대화로 명확히 생각을 정리해봄으로써 수치심을 빠르게 극복할 수 있다. 당신의 판단이 틀렸고, 결과적으로 일을 그르쳤으며, 모두가 그 사실을 알게 되었다. 그게 다다. 그러면 마음은 아프더라도 빠르게 지나간다. 부인하고 미화해봐야 고통을 연장시킬 뿐이다.

잘못된 결정으로 인한 부정적인 결과가 일시적인 불편만 초래하거나, 결정을 얼른 수정할 수 있는 경우(이런 경우는 상당히 잦다)는 좀 다르다. 이럴 때는 공연히 성급하게 굴지 말고, 좀 기다리면서 일이 어떻게 전개되는지를 인내심 있게 살펴보는 것이 중요하다. 다른 사람들이 성급하게 오판했을지도 모르기 때문이다.

어떤 결정이 실수에서 비롯했더라도, 그걸로 세상이 끝나는 건 아니다. 여기 잘못된 결정으로부터 최선의 해결책을 끌어내는 방법을 몇 가지 소개한다.

• 과잉반응하지 않기

잘못 결정했을 때 부정적이고 염세주의적으로 상황을 보는 태도는 좋지 않다. '재난'이나 '불행'이라는 말로 쓸데없이 상황을 과장하지 말아야 한다. 처음에는 몹시 안 좋아 보일지도 모르지만 잘못된 결정의 99퍼센트는 다시 보면 그리 나쁘지 않다. 더욱이 과민반응하는 사람은 종종 맹목적 행동주의에 빠져 작은 실수를 더 커다란 문제로 키우기 쉽다.

• 긍정적인 실수를 다른 관점으로 들여다보자

잘못된 결정에도 긍정적인 면은 있다. 보려고만 한다면 말이다. 자세히 들여다보면 종종 새로운 발견을 하게 된다. 콜럼버스의 경우를 보자. 그는 인도로 가는 항해로를 찾다가 신대륙을 발견했다. 스펜서 실버도 마찬가지다. 그는 1968년 차세대 강력 접착제를 개발하던 중, 끈적임이 없고 아무데나 떼었다 붙였다 할 수 있는 접착 성분을 만들어냈다. 이 성분을 이용한 제품이 바로 오늘날의 포스트잇이다. 『포춘』 지는 이를 20세기 중요한 발명품 중 하나로 꼽았다.

실수에서도 얼마든지 효용성이나 유익을 이끌어낼 수 있다. 그럴 의지가 있고, 약간의 즉흥적 능력을 발휘한다면 말이다. 우리가 잘못된 결정에 그리 중대한 의미를 두지 않는다면, 그렇게 하기가 훨씬 더 수월해진다.

• 계속 이어가기—다만 다르게!

일어난 일이다. 그것은 과거의 영역이다. 계속해서 어제의 일을 곱씹는 것은 미래의 결정에 별로 좋은 영향을 미치지 못한다. 과거는 지난 일이고, 우리가 해결할 수 있는 건 미래의 문제들이며, 이를 통해서 과거의 잘못된 결정들을 만회할 수 있음을 명심하라. 실수나 그르친 일을 본보기 삼아 배우고, 필요하다면 용서를 구하라. 계속하되 전과 다르게 하라. 다음 문장은 얼마나 멋진가. "우리는 같은 실수를 두 번 저지를 수 없다. 두번째는 실수가 아니라 결정이다."

인생을 마칠 때 우리가 후회하는 것들

살다보면 없었던 일로 되돌리고 싶거나, 그냥 잊어버리고 싶은 일들이 일어나기 마련이다. '지금, 여기'의 시각으로 보면 그렇다. 하지만 장기적 관점에서도 마찬가지일까? 또는 질문을 바꾸어, 죽음을 앞두고 우리가 후회할 만한 선택은 무엇일까?

수년간 호스피스 간호사로 활동했던 브로니 웨어는 바로 이런 질문에 관심을 가졌다. 그녀는 많은 환자들의 마지막 길에 함께했고, 죽을 때 그들이 어떤 점들을 가장 후회하는지를 뼛속 깊이 느꼈다. 그녀는 이런 경험으로부터 사람들이 죽기 전 가장 많이 후회하는 다섯 가지 일을 추렸다.

- 나 자신에게 충실하게 살걸.
- 너무 열심히 일하지 말걸.
- 감정을 좀더 솔직하게 표현할걸.
- 친구들과 계속 연락하며 살걸.
- 좀더 즐겁고 행복하게 살걸.

이런 후회들은 인생의 마지막에 무엇이 중요할지를 보여줄 뿐 아니라, 우리가 지금 전전긍긍하는 결정들이 생각보다 그리 중요하지 않다는 사실을 일깨워준다.

좋은 결정이든 나쁜 결정이든 결정의 순간이 나를 만든다. 결과를 바꿀 수 없을 때도 있다. 하지만 우리가 그 일에 부여하는 의미는 바꿀 수 있다. 그러니 명심하라. 결정이 온전히 우리의 몫이라는 걸!

Ariely, Dan, *Denken hilft zwar, nutzt aber nichts—Warum wir immer wieder unvernunftige Entscheidungen treffen*, Droemer Verlag, 2008.

Brafman, Ori und Rom Brafman, *Kopflos: Wie unser Bauchgefuhl uns in die Irre fuhrt–und was wir dagegen tun konnen*, Campus Verlag, 2008.

Dobelli, Rolf, *Die Kunst des klaren Denkens—52 Denkfehler, die Sie besser anderen uberlassen*, dtv, 2014.

Fisher, Helen, *Anatomie der Liebe—Warum sich Paare finden, sich binden und auseinandergehen*, Droemer Knaur, 1993.

Jaffe, Diane und Vivien Manazon, *Verkaufen an Adam und Eva—Die Geheimtipps fur erfolgreiches Verkaufen an Manner und Frauen*, Wiley Verlag, 2012.

Jolander, Andrea. *Denken Sie jetzt nichts! Warum wir instinktiv die besten Entscheidungen treffen*, Wilhelm Heyne Verlag, 2015.

Kaltenbach, Walter, *Was im Verkauf wirklich zählt…… ist nur das, was wirklich funktioniert*, BusinessVillage, 2014.

Kast, Bas, *Wie der Bauch dem Kopf beim Denken hilft—Die Kraft der Intuition*, S. Fischer, 2007.

Kelley, Harold H., *The Warm–Cold Variable in First Impressions of Persons*, Journal of Personality, Vol. 18, 1950.

Kustenmacher, Werner Tiki, *Limbi—Der Weg zum Gluck fuhrt durchs Gehirn*, Campus, 2014.

Mai, Jochen und Daniel Rettig, *Ich denke, also spinn ich—Warum wir uns oft anders verhalten, als wir wollen*, dtv premium, 2012.

Pantelouris, Michaelis, *Werde das, was zu dir passt—Vom Traum zum Beruf*, Gabriel, 2010.

Roth, Gerhard, *Persönlichkeit, Entscheidung und Verhalten—Warum es so schwierig ist, sich und andere zu ändern*, Klett–Cotta, 2007.

Rohwetter, Marcus und andere, *Kauf mich! Wie Verkäufer unser Unterbewusstsein manipulieren*, epubli, 2013.

Shih, Margaret, Todd Pittinsky und Nalini Ambady, *Stereotype Susceptibility: Identity Salience and Shifts in Quantitative Performance*, Psychological Science, Vol. 10, No. 1. 1999.

Staw, Barry M. und Ha Hoang, *Sunk Costs in the NBA—Why Draft Order Affects Playing Time and Survival in Professional Basketball*, Administrative Science Quarterly, Vol. 40, No. 3. 1995.

Traufetter, Gerald, *Intuition—Die Weisheit der Gefühle*, Rowohlt Taschenbuch Verlag, 2009.

Underhill, Paco, *Warum kaufen wir? Die Psychologie des Konsums*, Econ Verlag, 1999.

***Wearing a Helmet Tied to Riskier Decision Making,* Association for Psychological Science**

http://www.psychologicalscience.org/index.php/news/releases/helmet-wearers-make-riskier-gambles.html

Sense of purpose *'adds years to your life'*, BBC News

http://www.bbc.com/news/health-27393057

Antonio Damasio, *Das Gehirn ist nur der Manager*, Bild der Wissenschaft

http://www.wissenschaft.de/archiv/-/journal_content/56/12054/1527368/Antonio-Damasio:-%E2%80%9EDas-Gehirn-ist-nur-der-Manager%22/

***Wie man über Fehlentscheidungen hinweg kommt*, Bild der Wissenschaft**

http://www.wissenschaft.de/home/-/journal_content/56/12054/940608/

***Was sind Vorurteile?*, Bundeszentrale fur politische Bildung**

http://www.bpb.de/izpb/9680/was-sind-vorurteile

***A Stanford professor says the 'gun test' can help you make big decisions*, Business Insider**

https://www.businessinsider.com/stanford-professor-gun-test-to-make-big-decisions-2016-2

***Die gute oder die schlechte Nachricht zuerst?*, Die Welt**
http://www.welt.de/gesundheit/psychologie/article121903855/Die-gute-oderdie-schlechte-Nachricht-zuerst.html

***Frauen und Männer entscheiden unterschiedlich*, Entscheidungscoaching**
http://blog.entscheidungs-coaching.com/frauen-und-manner-ents-cheidenunterschiedlich.html

***Gegen alle wetten*, Frankfurter Allgemeine Zeitung**
http://www.faz.net/aktuell/george-soros-gegen-alle-wetten-1353587.html

***Warum rechtfertigen wir uns?*, Gedankenwelt**
http://gedankenwelt.de/warum-rechtfertigen-wir-uns/

***Wie tickt der deutsche Mann?* Focus Online**
https://www.focus.de/panorama/boulevard/gesellschaft-wie-tickt-der-deutsche-mann_aid_1116618.html

***A Brief History of Decision Making*, Harvard Business Review**
https://hbr.org/2006/01/a-brief-history-of-decision-making

***Warum wir uns die Welt schönreden: Wie kognitive Dissonanz unser Leben bestimmt*, Huffington Post**
http://www.huffingtonpost.de/sandra-maxeiner/warum-wir-uns-die-weltsc_b_5130641.html

***Bumerang-Effekt: Warum wir Halbwahrheiten glauben*, Karrierebibel**
http://karrierebibel.de/bumerang-effekt/

***Disziplin lernen: 10 Schritte zu mehr Selbstdisziplin*, Karrierebibel**
http://karrierebibel.de/disziplin-selbstdisziplin-marshmallow-test/

***Entscheidungen treffen: 12 überraschende Fakten*, Karrierebibel**
http://karrierebibel.de/entscheidung-treffen/

***Entscheidungstechniken: Beispiele und Tipps*, Karrierebibel**
http://karrierebibel.de/entscheidungstechniken/

***Trolley-Dilemma: Hineinversetzen macht hilfsbereiter*, Karrierebibel**
http://karrierebibel.de/trolley-dilemma/

***Salvador Assael, 88, Dies; Coaxed Riches From Pearls*, New York Times**
http://www.nytimes.com/2011/04/13/business/13assael.html?_r=1

***Phineas Gage: Neuroscience's Most Famous Patient*, Smithsonian Magazine**
http://www.smithsonianmag.com/history/phineas-gage-neurosciences-most-famous-patient-11390067/?no-ist

***Hirngespinst Willenskraft*, Spektrum**
http://www.spektrum.de/alias/r-hauptkategorie/hirngespinst-willens-freiheit/968930

***Ich fühle, also bin ich*, Spiegel**
http://www.spiegel.de/wissenschaft/mensch/emotionen-ich-fuehle-also-binich-a-561852.html

Umfrage zur Generation Y: Ungebildet? Unreif? Ohne Ziele?, **Spiegel**
http://www.spiegel.de/unispiegel/studium/generation-y-nach-bildung-sniveau-sozialer-verantwortung-zielstrebigkeit-a-1021584.html

Draft—Lotterie und Selbstbedienungsladen, **Stern**
http://www.stern.de/sport/sportwelt/nba-draft---lotterie-und-selbst-bedienungsladen-3417656.html

Top five regrets of the dying, **The Guardian**
http://www.theguardian.com/lifeandstyle/2012/feb/01/top-five-regrets-ofthe-dying

How You Make Decisions says a Lot About How Happy You Are, **Wall Street Journal**
http://www.wsj.com/articles/how-you-make-decisions-says-a-lot-abouthow-happy-you-are-1412614997

Pearls Before Breakfast: Can one of the nation's great musicians cut through the fog of a D. C. rush hour? Let's find out., **Washington Post**
https://www.washingtonpost.com/lifestyle/magazine/pearls-before-breakfast-can-one-of-the-nations-great-musicians-cut-through-the-fog-of-a-dcrush-hour-lets-find-out/2014/09/23/8a6d46da-4331-11e4-b-47c-f5889e061e5f_story.html

Daniel Rettig, *Warum wir unfair handeln*, **Zeit Online**
https://www.wiwo.de/erfolg/trends/alltagsforschung-warum-wir-unfair-handeln/11862726.html

Typenlehre: Professioneller Umgang mit Anderen in Vertrieb, Marketing und Fuhrung: Rot-Gelb-Grun-Blau https://www.akademie-fuer-manager.de/typenlehre-professioneller-umgang-mit-anderen-in-vertrieb-marketing-und-fuehrung-rot-gelb-gruen-blau/

So optimieren Sie das Verkaufsgespräch, ChannelPartner

http://www.channelpartner.de/a/so-optimieren-sie-das-verkaufsgespraech,2608497

Erfolgsfaktor Menschenkenntnis: Fuhlen Sie sich in Ihren Kunden

http://www.eilert-akademie.de/menschenkenntnis_2.html

Das Resultat psychischer Intuition: C. G. Jungs Persönlichkeitstypologie

http://www.typen-und-mehr.com/cgjung.htm

***Methoden zur Entscheidungsfindung*, Zeit zu leben**

http://www.zeitzuleben.de/methoden-zur-entscheidungsfindung/

옮긴이 유영미

연세대학교 독문과와 동 대학원을 졸업하고, 전문 번역가로 활동하고 있다. 옮긴 책으로 『왜 세계의 절반은 굶주리는가』 『감정사용설명서』 『우리의 비만 그들의 기아』 『가문비나무의 노래』 『불확실한 날들의 철학』 『부분과 전체』 『예민함이라는 무기』 『혼자가 좋다』 등이 있다.

'아무거나'라는 메뉴는 없다
망설이다 아무거나 고르는 당신에게 필요한 결정의 기술

초판 1쇄 인쇄 2018년 9월 19일
초판 1쇄 발행 2018년 10월 8일

지은이 요헨 마이
옮긴이 유영미
펴낸이 염현숙

책임편집 황은주 | **편집** 임혜지 | **디자인** 이현정
마케팅 정민호 이숙재 정현민 김도윤 안남영 | **홍보** 김희숙 김상만 이천희
제작 강신은 김동욱 임현식 | **제작처** 한영문화사

펴낸곳 (주)문학동네
출판등록 2014년 7월 6일 제406-2014-000064호
주소 10881 경기도 파주시 회동길 210
전자우편 editor@munhak.com | **대표전화** 031) 955-8888 | **팩스** 031) 955-8855
문의전화 031)955-3578(마케팅) 031)955-3561(편집)
문학동네카페 http://cafe.naver.com/mhdn | **트위터** @munhakdongne
북클럽문학동네 http://bookclubmunhak.com

ISBN 978-89-546-5310-7 03190